近代日本の右翼思想

片山杜秀

講談社選書メチエ
KODANSHA SENSHO MÉTIER
396

近代日本の右翼思想

●目次

はじめに

右翼の語源

右翼と左翼の語源は、通説では、フランス革命期の国民議会で、王党派もしくはジロンド派が議員席の右側に、共和派もしくはジャコバン派が同じく左側に、多く寄り集まったことにあるという。議員席の右翼と左翼ということである。

フランス革命は、世界人類にあまねく自由と平等と友愛をもたらすという旗印を掲げて開始された。人類みな全員が自由と平等と友愛を享受することなど、神話時代はともかく、有史以来、あったことはないだろう。その意味で、フランス革命の理想は、人間社会の過去の事例や現在の実際からは相当にかけはなれたものであった。啓蒙主義者の理想的観念にもとづいて机上で構築された、純粋にとまでは言わないまでも、かなり未来的なものであった。過去や現在にはもとづかず、未来に予定されているプログラムを第一義にもってくるという意味で未来的なのである。そして、その未来の理想にひた走ろうとしたのが、革命最初期の共和派であり、次の段階でのジャコバン派であった。彼らが左翼である。

左翼は、失われた過去や、過去からのびきたる伝統や、今日を成り立たしめている現実を、おおむね軽蔑する。過去にも現在にも存在しないのだけれど、そのようにしたほうが過去や現在よりも必ず桁違いによくなると信じられる未来の理想図に賭ける。そういう空中楼閣のような、まだつかめていないものに立脚して、現在を変えようとする勢力が、左翼である。それは、そのときどきで、ロベスピエール主義だったり、マルクス主義だったりするだろう。

これに対して右翼は、過去に実現されたことなく、現在にも実現されていない観念を純粋に信仰するなんて、とてもできないと考えるグループに与えられた呼び名ということになる。フランス革命史であれば、革命最初期の王党派、次の段階のジロンド派が、そういう価値観を代表した。未来にぶらさがって現在を攻撃する左翼に対し、過去や現在に足場を置くのが右翼になる。

保守反動

だが、それでは、話が乱暴すぎるようにも思われる。左翼と右翼のほかに、今日の世の中では、たとえばよく中道という表現も用いられるが、それはいったい、どう定義できるのだろうか。左翼が未来を、右翼が過去と現在を、それぞれ独占していると仮定すれば、過去と現在と未来しか、とりあえず時間はないのだから、中道の足場というものは見いだせなくなるだろう。恐らく、もう少し話を細かくしてゆかないと、うまい説明はできないのだ。

そこで、ある言葉を手がかりにしてみよう。保守反動である。それは、左翼が自分たちと意見を異にする者に浴びせかける一種の罵倒語としてよく用いられたものだが、その四文字は、意味の上で、前後二文字ずつに分けられるだろう。

保守を字義通り受け取れば、保ち守るのである。保ち守るためには、保ち守る対象が、今、現に、なくてはならない。ないものやなくしたものを、保ち守ることはできない。そうであるならば、保守は現在に依拠した勢力であるということができる。

一方、反動は、反《そ》って動くのである。未来への大胆な飛躍を信じる左翼から見て反るのだから、つまり後ろ向きに過去へと動いて行く。反動は過去に依拠した勢力と言い換えられるのではないだろうか。

したがって、保守反動は、左翼から見れば自分たちに敵対する点で同じ穴のむじなだが、その内実は、やはり保守と反動の二つのグループに区別されるべきだろう。

保守は今あるものを尊重する。今あるものには、まさに今できたものも入るだろうが、当然ながら昔から存続する要素も含まれる。たとえば、ある国に昔から王制が敷かれ、今に及んでいるとする。王様が昔もいたし、今もいる。その意味で、現在は過去を含んでいるし、現在に依拠することは過去に依拠することに通じる。ゆえに保守と反動はだぶるところがある。

しかし、保守と反動が完全に一致することはありえない。現在は、過去のかなりを切り捨て、忘却し、嫌悪し、変改して、成立してもいるからである。要するに、現在に含まれていない過去がたくさんある。反動は、その現在に含まれていない過去に積極的に依拠しようとするとき、はじめて自らを保守と差別化することができるのではないだろうか。そうでなかったら、わざわざ反り返って動く必要もないだろう。

反動は保守と対立する

たとえばある国は、現在は立憲君主制だけれども、かつては絶対王政だったとする。その国である者が、絶対王政の時代は素晴らしかったからそこに戻したいと考えたとする。彼の頭の中は過去への憧憬《しょうけい》で一杯である。ゆえに左翼は彼を反動思想家と呼ぶだろう。そして、反動である彼は、左翼が保守反動とひとくくりにする保守とは決して共鳴できない。保守は絶対王政を過去のどこかの時点で退けた現在に立脚しているから、水と油なのである。復古主義者は未来信仰の左翼同様、保守派と意見が合わなくて当然である。

このように反動とは、過去の事実、あるいは過去のイメージによって、現在を変革しようとする思想を含むだろう。わざわざ反り返って動くのだから、現在には含まれていない過去を求め、それによって現在を覆《くつがえ》そうとする意欲を強く孕むだろう。復古による革命ということである。その意味において反動勢力と左翼とは、現在に不満を持って現在を変えてしまいたいと考えることでは共通する面がある。

いったん整理しよう。反動は過去に反り返って動く。保守は現在を大事にする。左翼は未来に期待する。ということは、右翼と左翼の二通りで全部を片づけるよりも、三通りにした方が展望を得やすいことになる。こうすることによって、中道とか保守中道という言葉も生きてくるだろう。それは右翼と左翼の真ん中に居るから中道であり、それは当然、現在に依拠する勢力のことだろう。

保守の本義

いや、そうではなくて、保守と左翼のあいだにいるから中道だという意見もあるだろうが、結局、保守と中道には大した違いはない。なぜなら、保守という日本語だと、保ち守ったまま、動きを止めているように感じられるが、保守がコンサヴァティズムの訳語であるとするならば、そこには漸進主義の意味合いも入ってくるだろうからだ。止まっている現在はありえない。それはつねに更新されながら未来へと動いてゆくものである。だから、保守をより具体的に定義し直せば、それは、現在を尊重しながら、過去から汲めるものを汲み、未来のイメージから貰えるものを貰って、急進的に乱暴にはならずに着実に動いて行くもののことになるだろう。中道とほとんど同義と見なしてもよいし、使う人によっては、中道という言葉に保守よりも未来に寄ってゆくのが少し早いニュアンスを込めるつもりがあるかもしれないが、とにかく現在を過激には変えたくない点では、保守も中道も同じと考えられる。

右翼と保守は分けることもできる

とすれば、この保守中道から右翼を切り離して左翼と対になるものにし、右翼も左翼も現在を変えたい勢力と見なせば、見通しがよくなってくるのではないだろうか。左翼が急進的な未来の即座の実現を求めるように、右翼は過去に反り返って現在から切り離されたさまざまな過去のイメージを持ちだし、現在の変革を叫ぶというわけだ。もちろん、これは右翼についてのひとつの理解の仕方である。保守と反動をひとくくりにしたほうが説明のつきやすいことも一杯あるだろう。けれども、過去に遡《さかのぼ》りたい気持ちと現在を大事にしたい気持ちは、やはり区別して考えられたほうがよいようにも思う。

本書が日本近代の右翼思想を扱う際の出発点とするのは、以上のような図式である。つまり、失われた過去に立脚して現在に異議を申し立てるのが右翼の第一義だと、まずは考えたい。

日本近代右翼の思想的混乱

しかし、ここから先がややこしいことになる。現状に不満を持った右翼が、保守や中道のものの考え方、あるいは現在の情勢と、明確に距離を置くためには、完全に失われ、現在とは共通点のない過去や、かなり壊れてきていて、崩壊寸前の伝統といったものを擁護できると都合がよい。そうなれば、過去と現在の違い、右翼的理想と今の現実との違いを明瞭に示すことができ、現在に対する革命的インパクトが増せるからである。

けれども、日本近代における右翼的なものは、近代文明の進展の前に失われゆく美しい農村とか、麗しい日本語の響きとか、何を持ちだしてきても、いつも、それらを天皇と結びつけてしまった。壊れたか壊れつつある過去の、強力な担い手として想定されてしまうのは、農の司祭としての天皇であったり、究極の歌人としての天皇であったり、とにかく現実の日本の主権者として立派につねに現前している天皇であった。「好ましからざる現在」の代表者である天皇が、「好ましい過去」の代表者でもあるという、現在と過去が癒着した迷宮に必ず迷い込み、失われた過去と現在ありのままとがまぜこぜになり、分かちがたくなってしまう。それが日本近代の右翼思想の姿だったと思う。

この迷宮を否定し、天皇から離れ、過去と現在をバッサリ切って区別する右翼は、理論的にはありうるけれども、実際には登場しなかったと言ってしまってもよいように思われる。神代《かみよ》から天皇のいることになっている日本では、天皇と何も関係のない過去のイメージを探すのはとてもむずかしいことである。そんな理論的かつ実践的な苦労をするくらいなら、最初から左翼になったほうが楽だ。それだから、日本近代の右翼思想は、現在と切れて過去にたどり着きたいと願いながらも、過去の代表者でありつつ現在の日本を支えてもいる天皇に導かれ、ねじれて現在にのめり込み、現在を礼賛して終わるという性向を有してしまう。これは、何らかの復古主義的革命を何としても自らの第一目的にしたい変革志向の右翼からすれば、大いなる挫折への宿命的な道であった。

保守主義と現在至上主義

ところで、失われた過去、または失われつつある過去への反り返りを求める右翼が現在の礼賛に転じるというと、現在に依拠した保守中道に合流するのかと思われるかもしれないが、そうとは言えない面があり、それが日本近代右翼思想のひとつの特質であるとも考えられる。

先にふれたように、保守中道の思考は、現在を尊重しながら、過去と未来をそこそこ斟酌《しんしゃく》し、ゆっくりじっくり物事を眺め、いじくりながら、前進してゆくことを特徴とする。ところが、少なくとも日本近代の右翼の思想史には、まず現在をいやだと思って過去に惹かれ、過去に分け入ってその果てに天皇を見いだし、その天皇が相変わらずちゃんといる現在が悪いはずはないのではないかと思い直し、ついには天皇がいつも現前している今このときはつねに素晴らしいと感じるようになり、現在ありのままを絶対化して、常識的な漸進主義すら現在を変改しようとするものだからと認められなくなり、現在に密着して、そこで思考が停止するという道筋が、うかがえるように思われる。これは、保守中道の現在重視の話とは、同じ現在重視でも明らかに中身が違う。

ファシズムと超国家主義

『イデオロギーとユートピア』の著者として知られる、ハンガリー出身の社会学者、カール・マンハイムは、こうした現在至上主義こそがファシズムであるとした。本書でファシズムという言葉を使うのは、だいたいこのマンハイムの定義においてである。また、超国家主義という、ともに政治思想史学者の丸山眞男《まるやままさお》や橋川文三《はしかわぶんぞう》が好んだ術語も用いられるが、それは特に橋川流の、日本近代の右翼とは、既成の国家を超え、現在を否定したいという思想のあらわれであったのではないかという解釈を意識してのことである。

本書は、失われた理想の過去を持ちだして現在の国家のありようを超えていきたかったはずの右翼が、もとは否定したかったはずの現在という一点で安心立命するに至る思想の流れを、デッサンしてみようとするものだ。つまり、橋川流の超国家主義のつもりの右翼が、いつの間にかマンハイム流のファシズムになってしまうという話である。

本書の構成

本書は四章で出来ている。それぞれの章に副題がある。順に「世の中を変えようとする、だがうまくゆかない」、「どうせうまく変えられないならば、自分で変えようとは思わないようにする」、「変えることを諦めれば、現在のあるがままを受け入れたくなってくる」、「すべてを受け入れて頭で考えることがなくなれば、からだだけが残る」である。各章の中身はその通りのつもりであり、内容としては継起的である。しかし、各章の舞台となる時代は、継起的というよりも同時的である。どの章も、日露戦争後、大正期から、「大東亜戦争」の頃までの話である。内容においては継起的に並べられる、相異なる水準の思想が、実際には同じ時代に微妙にずれながら重層して起こり、絡み合っていたのではないかという理解のしかたである。

日本近代とは?

本論に入る前に、本書で言う日本近代について、断っておかなくてはならない。日本近代と聞くと、普通は明治維新以後と考えたくなるだろう。ところが、本書の扱うのは、日露戦争が終わってから後のことばかりに、ほぼなっている。

確かに、日本の近代は、幕末維新の「文明開化」によってもたらされたのだろう。だが「文明開化」から日露戦争の頃までの日本人の精神は、あくまで江戸時代に培《つちか》われたものであった。当たり前だが、明治の日露戦争のころまでは旧幕時代に大人になった者たちが仕切っていたし、前近代の伝統的価値観が、国民の多数に相変わらず生きていた。

ところが、日露戦後には、近代化の徹底の成果と、世代の交代と、欧米列強に伍するという明治国家のとりあえずの目標の達成による国民的な気抜けとによって、日本の伝統というものが、倫理道徳から細かな生活習慣に至るまで急速に蒸散してしまう。精神的に根なし草になった近代人らしい近代人が大挙して生まれ、日本の近代は精神史的に本当に近代らしくなってくるのである。

そのことは、たとえば司馬《しば》遼太郎《りょうたろう》の歴史小説でも思い出していただければ、少し見当をつけていただけるかもしれない。司馬の創作は、日本史、東洋史を幅広く覆っていることは言うまでもないが、その時代的尻尾がどこになるかと、重要な作品を考えてみれば、やはり『坂の上の雲』の日露戦争になるだろう。なぜ、そうなったのか。日露戦争のころまで時代の表舞台にいた日本人の精神は、司馬が戦国時代と並んで得意とした幕末維新期と、同質的に描けるからである。ところが、そのあとは人間の思考や行動の様式が変わってくる。別世界になる。ものの考えかたも文章の書きかたも変えないとうまくゆかない。司馬はそれをよく分かっていたのだと思う。

とにかく、その日露戦争という大きな切れ目のあとにこそ、失われた過去も強く意識されるようになる。それまでの明治の右翼は、頭山満《とうやまみつる》や内田良平《うちだりょうへい》のように、前近代の伝統とのつながりを自明とする、自信たっぷりな、大人風の右翼だった。それが日露戦後には、何だかはっきりとは分からないけれども、とにかく頼れる過去が自分から消えてしまったという喪失感に苛《さいな》まれ、何をなくしたかじつはよく認識できないのだが、それでも取り戻してみたい何かがあると叫びたくなる、言わば近代的で、橋川文三好みの表現を使えば、どこか「病的」なところのある右翼に入れ替わっていった。

「ごく少数の異端者をのぞくすべて」が右翼である

それからもうひとつ、本書では、今日の一般常識からすると右翼思想家そのものとは思われておらず、それどころか右翼の反対者と考えられているかもしれない、西田幾多郎《にしだきたろう》や阿部次郎《あべじろう》や長谷川如是閑《はせがわにょぜかん》なども、ある程度の比重で取り上げられることになるだろう。それは本書の筋書き上、どうしても触れざるをえないからでもあり、また、丸山眞男の、日本ファシズム期には「ごく少数の異端者をのぞくすべて」[1]の国民が右翼であったとする意見に、影響されてのことでもある。時代の全体がもしも右翼的なら、その時代を準備し、その時代を構成した思想のすべてが、右翼思想史の名のもとに把握されるべきではないのか。

本書が取り扱いたいのは、そうした意味での近代の右翼の思想史である。

第一章
右翼と革命
――世の中を変えようとする、だがうまくゆかない

1　「超―国家主義」と「超国家―主義」

超国家主義とは何か

大正から昭和にかけての右翼思想を考えてみようとするときに、いちばんに引っかかってくる言葉は、「超国家主義」の五文字だと思う。その時代の右翼とは、すなわち超国家主義者なのだという定式が、最近はそうでもないけれど、戦後長く通用していた。たしかに、その時代の右翼が世の中を変えてみたいという意欲を強く有していたということを確認するためにも、この五文字はとても都合がいい。超国家主義を振りだしにすると、大正から昭和にかけての右翼の特質が見えてくるのである。すると、具体的には如何なる思想が超国家主義と呼ばれ、如何なる思想家が超国家主義者に分類されてきたのか。

この分野のいちばんスタンダードなアンソロジーと言える『超国家主義』（橋川文三編、一九六四年）には、次の人々の文章が採られている。すなわち、朝日《あさひ》平吾《へいご》、西田税《にしだみつぐ》、井上日召《いのうえにっしょう》、大川周明《おおかわしゅうめい》、後《ご》藤映範《とうえいはん》、磯部《いそべ》浅一《あさいち》、村中孝次《むらなかたかじ》、影山庄平《かげやましょうへい》、橘《たちばな》孝三郎《こうざぶろう》、権藤成卿《ごんどうせいきょう》、北一輝《きたいっき》、そして石原莞爾《いしはらかんじ》を代表とする東亜連盟同志会である。更に編者が掲載を考慮したものとして、影山正治《かげやままさはる》、保田《やすだ》與重郎《よじゅうろう》、蓑田胸《みのだむね》喜《き》、満川亀太郎《みつかわかめたろう》、上杉慎吉《うえすぎしんきち》、鹿子木《かのこぎ》員信《かずのぶ》、里見《さとみ》岸雄《きしお》、倉田百三《くらたひゃくぞう》、北昤吉《きたれいきち》、田中《たなか》智学《ちがく》、渥美勝《あつみまさる》、笠木良《かさぎよし》明《あき》、橘《たちばな》樸《しらき》、そして文部省の『国体の本義』、陸軍省の『戦陣訓』が挙げられている[1]。

ここには超国家主義という世界の主要な住人が、かなり網羅されていると言ってもよいだろう。だが、結果、その面子から類推される思想圏は、じつに多種多様な内容を含みこむことになるだろう。たとえば、朝日平吾は、安田財閥の当主、安田善次郎《やすだぜんじろう》を刺殺したテロリストである。とすれば、超国家主義はテロルの思想と結合する。田中智学は、石原莞爾や宮沢賢治《みやざわけんじ》を信者に持った日蓮主義系の新興宗教団体、国柱会《こくちゅうかい》の指導者である。とすれば超国家主義は仏教思想ともかかわる。倉田百三は『出家とその弟子』で一世を風靡《ふうび》した求道的な文学者である。とすれば超国家主義は何か宗教的なヒューマニズムともかかわる。同様に、『日本改造法案大綱』の著者、北一輝は国家社会主義者であり、「アジアはひとつ」の岡倉天心《おかくらてんしん》に影響された大川周明はアジア主義者であり、「日本浪曼派」の保田與重郎はもちろんロマン主義者であり、農村主体の国家改造をめざした橘孝三郎や権藤成卿は農本主義者であり、はたまた吉本隆明《よしもとたかあき》の反近代主義即農本主義という思考法にしたがって、北や大川すらも結局はみな、前近代的農村をどこかしら憧憬する農本主義者なのだと解してゆけば、類語縁語の発生は、とどまるところを知らなくなるだろう。文部省や陸軍省の出版物が超国家主義の何ほどかを体現しているとすれば、それはまた日本国家の公式思想ともなる。

このように、超国家主義の思想それ自体を具体的かつ単純に確定しようとしても、まずはうまく行かないだろう。それは右翼的な土俵を際限なく拡大させてゆくばかりだろう。しかも、思想の現実態としてのそれらは、相互に自在に交錯して千変万化の容貌をみせるのがつねである。それでも、超国家主義という概念に何らかの有効性を持たせようとするならば、この混沌の整序のために、多様な主張の根底に横たわる、超国家主義的時代精神の基本的傾向性が示されなくてはなるまい。この課題はつまるところ、超国家主義とは超の一字の付加された国家主義なのか、それとも国家を超える主義なのかという、相反する解のあいだを経巡《へめぐ》るように思われる。

丸山眞男の「超―国家主義」

「超―国家主義」という意味での超国家主義は、ウルトラ・ナショナリズムないしエクストリーム・ナショナリズムの訳語という語源に照らせば、「超国家―主義」という意味での超国家主義よりも、はるかに正統の立場を占める。その用語法をいちはやく確定し、超国家主義の五文字を世に広めたのは、丸山眞男である。その代表著作『現代政治の思想と行動』の冒頭を飾る著名な論文「超国家主義の論理と心理」には、次のように記されている。

> 凡そ近代国家に共通するナショナリズムと「極端なる」それとは如何に区別されるのであろうか。ひとは直ちに帝国主義乃至軍国主義的傾向を挙げるであろう。しかしそれだけのことなら、国民国家の形成される初期の絶対主義国家からしていずれも露骨な対外的侵略戦争を行っており、いわゆる十九世紀末の帝国主義時代を俟たずとも、武力的膨張の傾向は絶えずナショナリズムの内在的衝動をなしていたといっていい。我が国家主義は単にそうした衝動がヨリ強度であり、発想のし方がヨリ露骨であったという以上に、その対外膨張乃至対内抑圧の精神的起動力に質的な相違が見出されることによってはじめて真にウルトラ的性格を帯びるのである（丸山眞男「超国家主義の論理と心理」）2。

　ここで丸山は、一九四五年の大破局へと至った日本のナショナリズムが欧米のそれと比して「質的」に「相違」していたゆえに、超のつく国家主義なる概念が必要であるとする。すると、何が「質的相違」をもたらしたのか。その解答は天皇制の存在に求められる。丸山によれば、「国家主権が精神的権威と政治的権力を一元的に占有」し、「大義と国家活動」とが「つねに同時存在」[3]する天皇制国家像こそが、日本の国家主義を異常ならしめた根本原因である。そこでは、「全国家秩序が絶対的価値体たる天皇を中心として、連鎖的に構成され」、為政者の位置は、ただ「天皇からの距離」[4]によってのみ測定される。彼らは、天皇という絶対的存在の周囲を漂う水泡のように頼りなく相対的な存在にすぎず、周囲の顔色や時代の雰囲気をうかがって、なんとなく事を運ぶだけである。自立した近代的個人としての決断も独裁も為すこと能わず、「自由な主体性」とはついぞ無縁に、日本国家の中心＝天皇からの「無限価値流出」に身を任せ続けるばかりである。

　すると、天皇だけは決断や独裁のできる主体なのかと言うと、それもそうではないのである。「絶対的価値体」たる天皇の権威の源泉は、天皇個人にあるのではない。天皇個人の権威は、「万古不易の国体」という不分明な「無限の古《いにしえ》」に担保されるにすぎない。つまり、天皇は、独裁者でも近代的主体でもない。天皇も「無限の古」から噴出してくる「無限価値流出」に身を任せているだけなのだ。結果、ここに現出するのは、どこを探しても決断者のいない無責任国家である。誰も何もはっきりとは決めないのに、ナショナリスティックな抑圧と侵略の衝動だけは持っているという、とんでもない国家である。

こうした決断と責任なき天皇制国家に附随する、極端な国家主義としての超国家主義は、当然、その抑圧と侵略の衝動の無規定性、ゆきあたりばったり化を特徴とすることになろう。どこまで抑圧し、どこまで侵略し、いつまで戦争するか、誰も何も決められない。「無限価値流出」という大洪水のようなイメージに乗せられ、天皇も軍人も政治家も官僚もひたすら滑ってゆくだけである。こうして、丸山流の超国家主義は、最上層から最下層、天皇から国民までを無責任の一色に塗り込めるイデオロギーとして定立される。「上からのファシズム」も「下からのファシズム」も、天皇、軍、政党、財界から、在野の右翼団体、隣組まで、全部が全部、無責任ということである。

「超―国家主義」への疑問

以上の解釈を核とする丸山の諸議論は、ひとつの近代日本論として秀逸である。しかし、この超国家主義理解は、大正昭和期に固有な時代性格を剔抉《てっけつ》するものにはならない。丸山の理解の前提は、日本国家が「明治以後の近代国家の形成過程に於て」「国家主権の技術的、中立的性格を表明しようとしなかった」[5]事実である。ならば、超国家主義は、いわゆる日本ファシズム期の問題にのみとどまることなく、日本近代を一貫する、天皇という宗教的・倫理的実体による国家支配そのものとして把握されなくてはなるまい。明治維新や明治憲法成立以来、状況はずっと同じであり、日本近代の国家主義は、最初からずっと超国家主義で、その発現の度合がどんどんエスカレートし、一九四五年に至ったという理解である。

となれば、丸山の弟子のひとり、橋川文三が、次のような疑義を呈したのも、至極もっともだろう。橋川は言う。丸山の分析は、大正昭和の超国家主義を、明治以来の「日本の国家主義一般から区別する視点ではな」く、「日本ナショナリズム運動の変化を解明するにはあまりにも包括的」であり、「とくに日本の超国家主義をその時代との関連で特徴づけるものではない」[6]。ここに、丸山説のトータルでネガティヴな評価と対照的な、もう一方の超国家主義理解――特殊時代的で幾分ポジティヴでもある国家を超える主義という評価――が登場する（もちろん、超国家主義者は国家観念の廃棄をうたったわけではないのだから、現状の国家秩序をのりこえるというはなはだ漠とした意味合いでしかないのだが）。

ある論者は言う。「丸山氏の言う日本の『下からのファシズム』の『既存の体制、伝統的なものへの反逆、挑戦』という意味での『革命性』は明瞭であるから、これを正確に評価しなければならない」[7]。イデオロギー的側面からユートピア的側面へと、「上」と「下」との同質的「反革命性」から「下」の独自な「革命性」へと、思想の重心を動かそうとするこの第二の立場について、丸山説をふまえつつ、以下検討してゆくことにしよう。

橋川文三の「超国家―主義」

「人間が国家を超えるという思想的欲求を抱くのは、いうまでもなく現存する国家にもはや期待できなくなった場合である」[8]。こうした超国家主義観を領導した橋川文三は、「昭和超国家主義の諸相」において、「あの太平洋戦争期に実在したものは、明治国家以降の支配原理としての『縦軸の無限性、云々』ではなく、まさに超国家主義そのものであったのではないか」[9]と、丸山批判を交えつつ、問題を提起する。

橋川が注目するのは、明治末期から昭和初期にかけての「社会矛盾」の深刻化であり、超国家主義は、その特殊な時代相が生み出した変革への欲求の一パターンとしてとらえられる。時代の質的変容、「明治国家の伝統の構造変化と明治大正期において拡大した社会的緊張の構造」[10]こそが重視されるのである。

具体的には、日露戦後に訪れた国民精神の弛緩、そして生活様式の激変、都市化、工業化、階級差の拡大、伝統的社会とそれを支えてきた伝統的倫理の崩壊、人間の孤独化といった諸要素が、その具体的要因として強調される。ここに、日本人の共同性、人間同士の関係性を支えたあらゆる伝統が解体、骨抜きへと向かい、アノミー（規範喪失）の時代が到来する。その詳細については第二章の「日露戦後の真空」や「大正教養主義」のところであらためてふれるけれども、とにかくアノミーに陥るとなれば、その時代は、アノミーから脱出し、新たな秩序を形成するためにはどうすればよいかと、模索をはじめることとなるだろう。右翼もマルクス主義も、そこにこそ登場する。右翼は、哲学の用語を使えば、何らかの「種」的なイメージ――美しい民族とか、新しく強固な共同体とか、日本とかアジアとかのイメージ――に拠り、左翼は何らかの「類」的なイメージ――全世界の民衆とか、全世界のプロレタリアートとか――に頼って、混乱超克の夢を紡ぐというわけである。

ちょうどこうした視角から、超国家主義に的を絞った橋川は、丸山と違い、それをあくまで特殊大正の産物とみなそうとする。たとえば、橋川は、井上準之助《いのうえじゅんのすけ》や団琢磨《だんたくま》を屠った血盟団事件《けつめいだんじけん》の首謀者、井上日召に新しい時代に相応しいパーソナリティが備わっていたとして、こう述べる。

井上において目立つことは、普遍・絶対・唯一者への宗教的関心の持続ということである。彼の場合は、はじめキリスト教の神へ、次で禅へ、さらに日蓮宗へと転じているが、この問題が、日本の超国家主義形成とかなり深い関連をもつことは、北一輝、石原莞爾の法華経の場合を想起するだけでも気づかれようし、さらに、その以前の伝統的ナショナリズムの中には、そうした信仰的契機の作用はむしろ認められず、伝統的倫理（あるいは武士道、もしくは国民道徳）が行動原理であったこととの対照によって、いっそう印象的であろう（橋川文三「昭和超国家主義の諸相」）11。

この意見にしたがえば、超国家主義者には、明治の国家主義者を支えてきた、儒教や武士道や町人道徳に由来するような倫理が失われていることになるだろう。家族とか村とか共同体とかによって培われる道徳がもはや機能していない。それだからアノミーが生じるのであり、その新時代の子が超国家主義者と呼ばれるのである。

すると、儒教や武士道や町人道徳に代わって、超国家主義者を支配し、その個性を特徴づけるものは何か。それが「普遍、絶対、唯一者」といった超越的なものを媒介として一気にアノミーをのりこえようとする、まさに大正風の求道精神であると、橋川は言う。ここでの大正風とは、白樺《しらかば》派や『赤い鳥』の雰囲気にでも代表される、ブルジョワ富裕層が瀟洒《しょうしゃ》な居間や素敵な食堂などに集っている風の、都会的に気の利いた大正とは違う。明治人には当たり前だった、伝統的な規範や共同体への帰属意識を失ってしまい、激烈な孤独に放り込まれて、困惑し苦悩するのが、大正人であり大正的性格である。そういう意味である。

激烈な孤独に直面させられた人間が「普遍、絶対、唯一者」に救いを求めようとするのは、何も大正青年にかぎるまい。現代でも都会の孤独に耐えかねた若者が、「普遍、絶対、唯一者」を確信をもって提示してくれる新興宗教にはしるのは日常茶飯事だろうし、その宗教の中には狂信的テロリズムと結びつくものさえある。そういう現象の祖型が、大正にあったと考えればよい。

もちろん、大正の彼らの思想と行動は、孤独や絶望の切迫感が大きい分、現代のカルト宗教と同じく、とてつもなく過激になってくるだろう。それだから橋川は、超国家主義者とは「普遍、絶対、唯一者」に救いを求めても、そこに内的に沈潜して落ち着いてはいられず、熱狂的で「血ぬられた」行動にはしるのだという。彼らは孤独から脱し、外とつながり直したいのだから、「普遍、絶対、唯一者」に支えられて、あるいはそれを求めて、外に対し、爆発せざるをえないのである。その爆発とは、何かとつながりたいのにつながれないのは邪魔するものがいるからだと考え、その邪魔者をうち倒すというかたちをとって現れる。それが超国家主義者の爆発の原初形態である。

大富豪を刺殺する朝日平吾

そこで、過激に爆発する「血ぬられた」テロリストの原イメージとして橋川が想定するのは、朝日平吾である。彼は佐賀出身の、じつに典型的な大正地方青年だった。一八九〇年（明治二三年）の生まれだから、日露戦争の終わった一九〇五年には一五歳である。少年時代に実母と死別し、父親は後妻を迎え、その継母に冷たくされ、家庭の不幸と時代の道徳的混乱が彼の中で二重写しになった。孤独に追いつめられ、居づらい家郷を捨て、東京や中国大陸を流浪するが、何もうまくゆかない。地元に戻って商売をやってもしくじる。八方塞がりである。そんな朝日が安田善次郎を大磯で殺害したのは、一九二一年（大正一〇年）のことだった。橋川の説にしたがえば、それまでの明治的国家主義者としての右翼とは違う、超国家主義者としての新時代の右翼が、そのとき初めて公然と登場したのである。一九二一年が「超国家主義元年」なのだ。すると、朝日はどういうつもりで安田を殺したのか。斬姦状《ざんかんじょう》にはこうある。

吾人ハ人間デアルト共ニ真正ノ日本人タルヲ望ム。真正ノ日本人ハ陛下ノ赤子タリ、分身タルノ栄誉ト幸福トヲ保有シタル権利アリ、併モ之ナクシテ名ノミ赤子ナリト煽テラレ干城ナリト欺カル。即チ生キ乍ラノ亡者ナリ、寧ロ死スルヲ望マザルヲ得ズ（中略）吾等ハ吾等ノ生ヲ確保シ子孫ノ永続ヲ希フ、（中略）日本国ノ隆昌ナランコトヲ希フモノナリ（朝日平吾「死ノ叫声」）[12]。

朝日平吾
（荒原朴水『大右翼史』 大日本愛国党）

朝日は、いわゆる家族国家観に立ち、「普遍、絶対、唯一者」というか、真に頼れる者として、天皇を見いだしている。日本人はみな、天皇の子である。ひとつの大きな家族である。日本人全体が、天皇という父親のもとでたがいに仲よく濃密な関係を保持し、幸福に暮らしていて当たり前なのだと言っている。そこには、日露戦争後の社会が共同性を喪失していったことへの怒りがあり、自らの不幸な家族関係への悲しみがある。朝日は、その怒りと悲しみを、天皇即父親のもとでの日本国民即家族のイメージで代補したいと願っている。ところが、現実の今はそうなっていないと、朝日は叫ぶ。生きているかいがないから、死にたいという。

するると、なぜ、日本人は幸せになれないのか。さらに朝日の言葉を聞こう。

日本国ノ隆昌ハ七千万国民ノ真ノ和合ト協力ニ依ラザル可カラズ、真ノ和合ト協力ヲ計ルニハ一視同仁ノ善政ヲ布キ、真正ノ日本人タル恩沢ヲ差別ナク浴セシメザル可カラズ。然ルニ現下ノ社会組織ハ国家生活ノ根元タル陛下ト臣民トヲ隔離スルノ甚ダシキモノニシテ、君民一体ノ聖慮ヲ冒瀆シ奉ルモノナリ。而シテコレガ下手人ハ現在ノ元老ナリ、政治家ナリ、華族ナリ、顕官ナリ。更ニ如斯キ下手人ニ油ヲ注ギ糧ヲ給スル者ハ実ニ現在ノ大富豪ナリ。従テ君側ノ奸ヲ浄メ奸富ヲ誅スルハ日本国隆昌ノタメノ手段ニシテ、国民大多数ノ幸福ナルト共ニ、真正ノ日本人タル吾等当然ノ要求ナリ、権利ナリ（朝日平吾「死ノ叫声」）[13]。

つまり、天皇と国民のあいだを遮《さえぎ》り、父親が子供に平等に分け与えるべきさまざまな権利や富を横取りしている者がいるというのである。元老、政治家、華族、顕官、そして大富豪である。ゆえに、彼らを物理的に排除するのは、子供の権利だという理屈になる。それだから朝日は、大富豪のひとりである財閥当主を、その居宅に乗り込んで刺殺したのである。

霊告を受ける北一輝

しかし、これだけでは孤独な青年のテロルの思想である。橋川は超国家主義を革命運動として位置づけたいのだ。革命というからには、孤独な青年なり誰なりが大勢寄り集まって、何らかの団体としてのパワーを示して行かなくては話にならない。すると何者がどうやって大正青年を結びつけ、革命へと向かわせるのか。そこで待望されるのがカリスマである。橋川は、たとえばキリスト教会における中世異端派が示すように、カリスマが「歴史的にしばしば伝統的諸権威に対して、もっとも強力な反抗力の源泉となったこと」[14]が想起されるべきだとする。カリスマは、ウェーバーの言うように、呪術的能力や啓示や弁説の力を発揮して、朝日平吾を原型とする、時代に不満を募らせる孤独な心を情緒的に帰依させるというのである。

北一輝。2・26事件直後警視庁に出頭した際、警視庁写真班が撮影
（松本健一編『北一輝霊告日記』1987年　第三文明社）

はて、呪術的能力を示したカリスマが、この時代の右翼にいただろうか。たとえば、一八八三年（明治一六年）生まれだから、朝日平吾より七つ年上の北一輝である。

北は佐渡出身で、ほぼ独学によって、二三歳の年に、約一〇〇〇頁の大冊『国体論及び純正社会主義』を世に問い、板垣退助らを感動させたが、それはすぐ発売禁止になった。その後、中国革命同盟会に加わり、孫文よりも、彼とライヴァルの関係にあった宋教仁と親しくし、一九一一年から一三年まで、及び一九一六年から二〇年まで、中国に居た。大川周明が上海の北を訪ね、日本の右翼革命運動への賛助を求めたのは一九一九年のことである。そのとき、北は執筆したばかりの『国家改造案原理大綱』を大川に託し、日本に持ち帰らせ、北が帰国した一九二〇年に、それは「地下出版」された。この「地下出版物」は、その後、「不穏当な箇所」を削除のうえ、一九二三年に改造社から正規に世に出され、『日本改造法案大綱』として、「右翼革命の聖典」扱いされてゆく。つまり、朝日平吾が安田善次郎を刺殺したのは、『国家改造案原理大綱』の「地下出版」された翌年だったわけである。北は朝日とは面識はなかったが、朝日の方では一方的に北のことを慕い、安田善次郎暗殺前に、北へ遺書を郵送している。過激な青年に慕われるということは、それだけでもカリスマ的資質があったということだろう。

事実、北は過激な思想を述べるだけではなく、神秘家、宗教家、オカルティストとしての資質も有していたと考えられる。中国革命運動での北の最大の同志、宋教仁が一九一三年に暗殺されたとき、宋の幽霊が北を訪れて、刺客の正体を明かしたという。

また、朝日の事件から八年後の一九二九年（昭和四年）から北は、霊告や幻視体験を日記に書き留めるようになる。同年、五月二七日の日記には「頭ヲ巻キ血ボト〳〵流ル、人」[15]を見たとあり、六月八日の夜には読経していると「障子ニ二人対談ノ影」[16]が浮かび上がったといい、七月一一日には「議会解散今時機」[17]というお告げが副島種臣《そえじまたねおみ》の霊からあり、一〇月一四日には「左方地図アリ。右方ヨリ矢三本飛ヒ来リ三本共地図ニ刺サル」[18]という光景を幻視している。こういう調子で、一九三六年の二・二六事件のころまで続いてゆく。亀山天皇《かめやまてんのう》や西郷隆盛《さいごうたかもり》からの霊告もある。千里眼のようなこともある。まさに巫男《ふだん》の呪術的能力と言うべきである。これはもうカリスマそのものと呼んで差し支えあるまい。そのカリスマを信仰した青年たちが、一九三六年の二・二六事件によって、北とともに死刑になる、一九〇一年（明治三四年）生まれの西田税、一九〇三年生まれの村中孝次、一九〇五年生まれの磯部浅一ら、ということになるのである。

磯部浅一（左）村中孝次（右）
（荒原朴水　前掲書）

蛇に説教する井上日召

また、井上日召の自伝にも、呪術的カリスマ性を感じさせるエピソードが豊富にある。

一八八六年（明治一九年）に群馬県利根郡川場村で生まれた井上は、大陸に渡り、南満州鉄道株式会社に勤務したり、陸軍のスパイとなって、第一次大戦間近にドイツの植民地、青島《チンタオ》に潜入して情報を収集したり、上海や天津や北京で商売してみたりしたあと、人生に煩悶し、一九二一年（大正一一年）から二四年にかけ、故郷の川場村のお堂、三徳庵に籠もって修行した。そのとき、たとえばこんなことがあった。

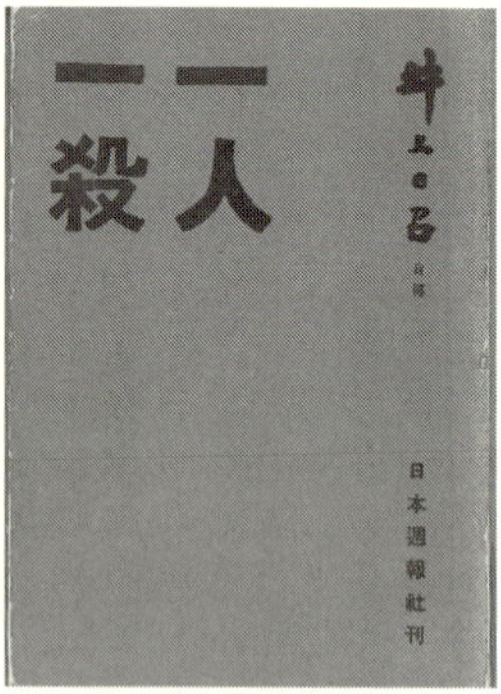

井上日召『一人一殺』
（1953年　日本週報社）

或る日、墓地の石段の所で、六尺近い大きな青大将を見た。その尻が切れてゐる。村の子供に悪戯されたのであらう。私は、どんな積りだつたか、青大将の前に踞んだ。蛇は逃げやうともしないが、舌をペロ〳〵と上の方に向けてゐる。これは、驚いてゐるか、警戒してゐるかの証拠である。私が蛇に向つて「お前に有難い法華経を聞かしてやるぞ」と言ふと、舌を出さなくなつた。南無妙法蓮華経の御題目を唱へてやつてゐると、蛇は次第に首を垂れた。「これは解つたのだな」と思つたので、「今日はもうい丶から、あつちへ行け。明日、また聞かせてやるから、出てお出で」と言つたら、私の言葉を理解したもの丶ように、青大将は石崖の穴に這ひ込んだ。翌日になつて、私は『昨日あ丶言つたものの、今日は居るかな？』と思ひながら、前日と同じ時刻の昼頃、石段の所へ行つて見ると、チヤンと青大将が来てゐるではないか。そこで、又唱題してやると、首を垂れて聴いてゐる。終つて、「又明日お出で」と言つたら、彼は石崖に入つた（井上日召『一人一殺』）[19]。

井上は、出会って二日めの青大将をもう「彼」と呼ぶようになっている。そして、三日めにはどうなったか。

矢張り蛇は来てゐる。私は前日のようにお題目を唱へてやつて、「お前は有難いお経を三度も聴いたのだから、もう宜しい。以後はこんな危いところへ出てくるではないぞ。村の子供にいぢめられるからな」と言ひ聞かせると、解つたやうな素振りで、青大将は穴にかくれた。四日目に、もしやと思つて行つて見たが、もう出てゐなかつた。それからは、一度もその青大将を見なくなつた。私は、自分の意志が青大将に通じたことを、はつきりと悟つた。それからといふものは、私は木でも石でも草花でも、なんでも相手にして話した。さうして、自由にそれらと意志を通じ合ふことが出来たのである（井上日召『一人一殺』）[20]。

魚に説教するパドヴァの聖アントニウスや、鳥に説教するアッシジの聖フランチェスコを想起させるような、宗教的で霊的で神秘的な世界である。万物悉皆《ばんぶつしつかい》に生も性も意志もあるというアニミズムである。

井上は、それから間もなくして、旭日昇天《きょくじつしょうてん》する光景に我を忘れて「ニッショー！」と叫び、悟りを開いたと称し、本名の井上昭から、行者の井上日召となって、病気の治療などに霊能を発揮するようになった。

井上日召（1962年）
（『井上日召 炎の求道者　井上日召獄中日記（上）』1978年　毎日新聞社）

カリスマによる革命

カリスマは本当にいたのである。北一輝同様、井上日召のもとにも青年たちが集い、彼らはやがて血盟団となり、要人暗殺テロを起こしてゆく。
こうした実例に背中を押され、橋川文三は、青年たちを組織する教祖的カリスマを「原動力」とする「革命運動」として、超国家主義を定義づけようとする。

「伝統にしばられた時代では、カリスマは唯一の大きな革命的勢力である。（中略）この変革は苦悩とか、法悦から生まれ、各般の生活形式や世俗一般に対するあらゆる態度を全く刷新しつつ、中心的な志操や行為の方向を変化することを意味するのである（M・ウェーバー）。」

私は、そうした意味で、カリスマ的革命の日本的形態として超国家主義をとらえようと考える。それはもちろん理性にもとづく革命ではなかった。そして、少なくともその挫折以前において、（中略）それは決して官権的「革命」力でもなかった。それは、決定的に、伝統化した明治国家からの断絶をめざしたものであったとしてとらえようと思う（橋川文三「昭和超国家主義の諸相」）21。

橋川は「伝統にしばられた時代」の日本近代への妥当性を確信して、ウェーバーのみで万事をかたづけてみせる。ここで超国家主義とは、丸山のように、未然な日本近代が必然的に招来する明治国家主義の漸進的形態なのではもはやない。それは、大正の時代相からまったく新たに生じた、カリスマ的な、かなり不条理な革命志向なのであり、現体制を徹底的に打破しなくては何が何でも気が済まないという霊的衝動に支配されるがゆえに革命的なのである。

「超国家―主義」への疑問

このように、血ぬられたテロなどと結びつき、何らかの異常性を連想させがちな超国家主義という言葉に、オカルトめいたカリスマのイメージを接合させ、その革命性までを指摘する橋川の所説は、丸山の所説の魅力的な反措定たりえている。しかし、ここで問題を感じるのは、次の二点である。

まず第一点は、「苦悩と法悦を求める」異常なカリスマ性を強調しすぎると、該当する超国家主義者があまりに限定されてしまい、多くの重要人物が取りこぼされてしまうことである。確かに北一輝や井上日召とその信者連に限れば、話はとてもうまく運ぶ。しかし、たとえば大川周明はどうだろうか。一八八六年生まれだから井上日召と同い年の彼は、東京帝国大学を卒業し、満鉄の東亜経済調査局調査課長を務め、同局が満鉄から独立して財団法人になると理事長もやり、『特許会社制度研究』

大川周明（1922年、満州において）
（大川周明顕彰会編『大川周明日記』1986年　岩崎学術出版社）

によって法学博士号を取得し、そのほかにも拓殖大学や法政大学で教えるなどした。五・一五事件に連座して数年獄につながれ、戦後は東京裁判の被告席で東条英機《とうじょうひでき》の頭を叩くという奇行を演じもした大川ではあるけれど、現代社会の表街道を普通に歩け、堅実なサラリーマン生活も続けられた大川でもある。呪術的カリスマとか巫子とかの要素を見いだすことはむずかしい。

あるいは、たとえば権藤成卿はどうだろうか。彼は、明治以後の日本の近代化を全否定する勢いの過激な教説で、昭和初期の右翼的な国家革新運動に大きな影響力を発揮し、崇拝する若者が多く出た。五・一五事件や血盟団事件の思想的背景をつくった。しかし、彼にも、大川同様、神懸かったところはあまりない。それよりも何よりも、権藤は一八六八年（明治元年）生まれである。明治の右翼の代表的存在と目されてきた、玄洋社《げんようしゃ》の頭山満は一八五五年（安政二年）生まれ、黒龍会《こくりゅうかい》の内田良平は一八七四年生まれだから、権藤は二人のあいだに入る年齢になる。しかも権藤の弟、権藤震二《ごんどうしんじ》は黒龍会の幹部だった。超国家主義的右翼を明治の右翼と世代的に区別し、大正期以後の新しい思想と位置づけようとするとき、旧世代そのものなのに昭和に重きを占めてくる権藤の取り扱いは厄介なものになってくる。

もしも橋川が、大川や権藤はあくまで超国家主義者ではないというなら、とりあえず筋は通る。が、そうではない。橋川は大川や権藤にも大いに注目し、事実、本章冒頭に紹介した橋川編集の文選集『超国家主義』にも、彼らの文章は収録されている。カリスマと信者連による革命というだけでは、その時代に体制を覆そうとした右翼運動を総括することはできない。土俵が狭すぎるように思われるのである。この問題点は、橋川によるカリスマの概念や適用範囲の再検討を迫ることになるだろう（こうした橋川の議論をつきつめるとすれば、もしかしてそこに現われるのは、「あの太平洋戦争期に実在したのは」一億総カリスマであったという夢想なのかもしれない。そしてそれは、日本近代の精神状況にあっては「ごく少数の異端者をのぞくすべて」[22]の国民が右翼であったとする丸山の主張と、表裏を成す心持ちであるように想われる)。

次に第二点としては、超国家主義者たちが「伝統」と手をきり、またそれに「反逆」するとはいかなることなのか。確かに彼らは明治的な伝統から切断されていたのだろうが、しかし結局、現状打破のためにその依拠し志向したところが、たとえば血と土、民族精神、共同体といった、理想化された過去、広義の伝統的・前近代的要素であったことは、例を出すまでもなく、あまりに明白だろう。何しろかれらは同時代的に、世間から右翼と呼ばれ続けていたのだから。

これら二つの問題点は、橋川の持ちだしたウェーバーの「伝統にしばられた時代」という言葉と、その近代日本への適用を正当化する天皇のことへと、話を引き戻さずにはおかないだろう。

天皇がカリスマである

「伝統にしばられた時代」ゆえに有効性を発揮するカリスマとは、しばしば伝統を根底的に支えるものとの関係の中で、はじめてその真正の威力を発揮する。橋川文三が例にだした中世のキリスト教異端派にしても、それは真の神の意思に依拠しつつ、既成秩序化した教会の刷新を図ったのであって、中世の根底にある神の支配という枠組みを覆そうと企てたのではなかった。神に頼ってこそ、異端派のカリスマ的指導者は存立しえたのである。

それでは、近代日本が「伝統にしばられた時代」であるとはどういう意味なのか。それすなわち、体制が内在させ、体制を支えていた神話的なものによって、近代化と合理化の進展に神秘のヴェールの掛けられていた時代の謂《い》いに他ならない。よって、そこでの超国家主義的カリスマの神秘性とは、伝統的な諸価値を集約する神話的なものに担われてこそ、はじめて自身の特質をあらわし得たはずである。すると、伝統の中心にある神話的なものとは何か。それはむろんキリスト教の神でも儒教の天でもない。丸山の説明を繰り返すまでもなく、日本における伝統の中心的担い手として措定されたのは天皇である。なるほど、橋川が強調した変革の対象は「明治国家」であって日本国家そのものではなかった。日本国家を天皇ごとひっくり返すという話には、どうしてもならないのである。結局、「伝統にしばられた時代」ゆえに成立する国家を超える主義とは、次のごとくに整理されよう。

それは、大正期の規範喪失状況が産出した、既存の国家体制の何らかの変革を思念し構想する、ひとつの思想域であった。そしてこの思想域の、同時代を彩る他の変革思想との分岐点は、ありうべき日本、理想化された伝統を一身に担い現在と対決する天皇の肖像を、変革の中心勢力として発見するか否かに求められる。

ここで、呪術的カリスマ超国家主義者を代表する北一輝と井上日召のことを思い返せば、彼らのカリスマ性が天皇と結びついていたことは容易に確認できる。北一輝に霊告を与えていた者には、先述のように天皇が含まれているし、北が大正期に皇太子（のちの昭和天皇）へ「法華経」を献上したのも有名な話である。その意図はともかく、北の霊的で宗教的な生活が、天皇を不断に意識しながら続けられていたことは明白であろう。井上日召になると、もっと話は赤裸々である。彼は自伝で、蛇に説教して間もなくの一九二四年（大正一三年）に、次のような幻覚に三日にわたってとらわれたと語っている。

第一日めはこうだ。

例によつて私が三徳庵で端坐唱題してゐると、突然、目の前に美しい紫の雲が現れた。と思つたら、雲の上に　神武天皇様に似た男の神様と、その傍に女の神様が添つて立つてゐられるのが拝せられた。そうして、その前にひれ伏してゐる私の姿があつた。（私自身は依然として端坐してゐるが、もう一つの私の姿が見えた。）仰ぐと、男の神様は素つ裸の男の赤ん坊を抱いてゐられる、と見たところで、幻像は消えた（井上日召『一人一殺』）23。

次いで、二日めはこうなる。

矢張り同じ時刻に端坐してゐると、昨日と同じやうな美しい紫の雲が現れ、その上に男神と女神が立たせ給ひ、男神の抱いてゐられる赤ん坊が、急に私の方を指さした。私は何故となく畏れ入つて、ひれ伏してしまつた（井上日召『一人一殺』）24。

そして、決定的な三日めになる。

矢張り前二日と同様の厳かな光景が現出したかと思ふと、男神に抱かれて私を指さしてゐた赤ん坊が紅葉のやうな掌をひろげたとみるや、私をさし招いた。その途端に――、赤ん坊は私自身に変じ、今までひれ伏してゐた私の姿は、もうそこにはなかつた。その時、私は説明し難い一体感を覚えた（井上日召『一人一殺』）[25]。

これはもう、解釈に心理学者の助けを借りずに済むような、じつに分かりやすい幻覚だろう。井上日召は、レトリックではなく、少なくとも彼の精神世界においては本当の体験として、天皇の赤子になったのである。しかもそれで法悦境に至った。日召が悟りを開いて、霊能を用いる巫男的カリスマとして新生するのは、これから間もなくである。

それからの井上は、自分の心の中に天皇が居り、自分はいつも皇祖皇宗に衝き動かされて行動しているのだと、しばしば述べるようになる。たとえば、血盟団事件で法廷に立たされたときは、こう語っている。

私の胸の中に燃えて居る所の魂の叫ぶ所は日本天皇の聖業である。天照大神の御精神を以て全人類を救ふということであります（「井上昭公判記録」）[26]。

このように、カリスマたちの根源には天皇がいた。となれば、超国家主義とは、真の天皇、自らの理想とする天皇像＝日本国家像に依拠しつつ、既成の国家の刷新を図る思想運動として理解されてくるだろう。「国家超越の正常な思想的方法は先ず単独の世界をつくる以外にない」[27]と丸山眞男門下のひとり、藤田省三《ふじたしょうぞう》は言ったけれど、そういう近代主義的な正論は、理想化された天皇との連合による、自我の転生、共同性の回復、アノミーからの脱出といった素朴な幻影の前にあっては登場する余地はない。しかも天皇は、キリスト教の神と異なり、絶えず生身で現前し続けることによって、理想的伝統の単なる定立者にとどまらず、それ自体が既成秩序を変更し得る「現人神《あらひとがみ》」、革命的カリスマとして観念されてしまう。松本健一《まつもとけんいち》は単純明快に述べている。「天皇ハ万世一系ニシテ皇統ハ連綿という神話が、社会の表面を蔽っていた（中略）伝統にしばられた時代にあっては」、そこに現前する「天皇というカリスマが唯一の革命的勢力である」[28]。

こうして、天皇というカリスマが最終的収斂点として登場する。マックス・ウェーバーのカリスマの分類学にしたがえば、天皇はカリスマの中でも「世襲カリスマ」に当てはまるだろう。つまり「万世一系」、「皇統連綿」の神話によって、歴代天皇は十分にカリスマとしての資格を持つ。天皇本人が呪術的能力や異常な弁舌の能力を持っているかいないかは、あまり関係がない。天皇という存在の形式が、本人の実質にかかわらず、カリスマ的なのである。

となれば、ここに開ける超国家主義者のイメージは、超越的存在にして「絶対的価値体」、天皇それ自体が有したと信じられる圧倒的カリスマ性への信仰によって担保された、派生的な擬カリスマないしは天皇信者として措かれるだろう。多彩な諸信念にしたがう、血ぬられたカリスマの乱立という、橋川の提出する拡散したイメージは、超越的一者との紐帯によってエネルギーを分与される信者連という求心的イメージに転換するわけである。

こうして、ロマン的神秘的傾向に革命志向を結合させようとする大正的態度と、天皇からの「無限価値流出」なる日本近代を貫く仮構とは、ひとつの折衷を遂げるに至る。要するに、天皇こそが革命的価値の供給者なのである。そうだとすれば、超国家主義者は、天皇のカリスマ性を信じ、そこに賭ける革命家ということになり、超国家主義者本人が呪術的であってくれなくても構わなくなる。大川周明も権藤成卿も、この地平には収まってくれるはずだ。

「超国家—主義」は「超—国家主義」を抜けられない

しかし、このような限定を付される革命的超国家主義は、その傾向性によって当然に、丸山眞男のネガティヴな見解へと大きく押し戻されることになるだろう。つまり、天皇絶対という観念が、既成秩序に対する純粋な超越的価値なのではなく、既成秩序の担い手としても国民に現前しているとの事情は、「『右翼団体』によるそのイデオロギー的独占を不可能にした」[29]のであり、その結果、明治国家超脱の意味での超国家主義的意識は、「下」と同様に「上」にも、現行支配体制の自己変革の意識として存在し得たという、まこと混乱した状況が呈されるのである。ここに橋川文三が、超国家主義を反体制的革命ユートピア思想として定義づけようとして編んだ『超国家主義』に、体制の根幹的イデオロギーを表明する書物である、文部省の『国体の本義』と陸軍省の『戦陣訓』の掲載を考慮せざるを得なかった事情の含むところも、うかがわれてくるだろう。

とどのつまり、アノミーから脱却し新秩序をうちたてるべき革命的大カリスマ＝天皇が、同時に打倒さるべき現秩序の代表者でもあることが、国家を超える主義を正常に機能させることをはばみ、超国家主義のユートピア志向的・革命的性格に現実と明確に手を切ることを不可能にするのである。したがって、「下」からの「超国家主義」運動に何らかの「変革性」が期待されたとしても、理想と現実を一身に担う双面の化身＝天皇のつくりだす一種の迷宮にとらわれ、理想的秩序と現秩序との境界線を明確化できない空想的ユートピア運動としての閉塞性がそこにはつねにつきまとうことになるだろう。

というわけで、「下」からの超国家主義運動がいくら現状打破を試みても、それはかえって現実を維持、強化するのであり、結果的に一なるものへの翼賛にしかならないという丸山眞男的な理解を、橋川文三的な理解は十分には克服できない。こうした丸山―橋川―丸山の往還運動の中から浮上する超国家主義、ことにその在野運動のイメージは、現状を打破しようとしながら「伝統にしばられた時代」にはまりこみ、イデオロギーとユートピアの間に宙吊りになって、世の中を変えたいと思ってもなかなかうまく行かずに煩悶する思想域としてあらわれることになるだろう。

2　万世一系と「永遠の今」

天皇の国は無謬である

天皇を仰いでの現状打破なる方法論は、天皇を「万世一系」の名のもとに、伝統、過去の集中的表現者として仮構した、明治国家の構造的必然として出来した。

この必然ゆえに、それ自体としては現状に対する破壊力を有するであろう、失われた、あるいは失われつつあるさまざまなイメージ――伝統としての農業、ロマン化された日本、隠蔽されたアジア連帯の精神等々――によって、超国家主義が現状を打倒し、乗り越えようとしてみても、打倒のしかた、乗り越えかたがはっきりしなくなる。過去のイメージの担い手としていちばんの頼りがいを示してくれるのは天皇だが、その同じ天皇が現秩序をも代表するというのだから、現状と切れて現実の変革に向かう契機はどうしてもあやふやになってしまう。かくして、現状と理想とは混交しがちになる。その混交は、実際にはどういうかたちをとってあらわれるだろうか。ここでは、熱烈な右翼団体、原理日本社《げんりにほんしゃ》の思想的領袖、三井甲之《みついこうし》の説いた中今論《なかいまろん》に、その端的な表現をみたい。

三井は、その主著『しきしまのみち原論』で、天皇絶対の時代にありうべきひとつの時間論を語っている。三井によれば、「万世一系」の天皇に支えられた時のながれとは「全国民が神を礼拝しつつあること」[30]という現在進行形の無限連鎖としてしかあらわれようがない。「万世一系」の天皇がいつもいることで日本は存立し、神である天皇がつねに国を支えているのだから、日本はいつも安心であり、国民は神を礼拝していればよいということになる。天皇のもとで日本は誕生のときから今この瞬間までいつも素晴らしいのである。そうであるから、天皇のもとでの日本の「無窮生成」が続くかぎり、時間は不断に同質的なものの反復に過ぎない。過去とか未来とか呼ばれる現在と異質なモメントが出て来ようはずもない。時間は永久に金太郎飴である。どこを切っても天皇に支えられた充実の時間しか出てこない。いつも満足だから、昔はよかったとか未来をもっとよくしようと願望する必要もないし、もしもそんなことを考える者が居れば不敬以外のなにものでもない。

こういう三井の議論の鍵として提示されるのが、「文武天皇《もんむてんのう》御即位の詔《みことのり》」に由来する「中今」の概念であり、それこそが「国家生活としての日本生命の過去なく未来なくただ現在の生成のみであるといふことの予感的言ひ現し」[31]とされる。

天皇はいつでもいる

この三井の主張は、日本では大正期にはじめてあまねく顕在化した近代の孤独の経験に反発し、素朴な共同性、全体性を回復しようとする願望の、ひとつの倒錯的なあらわれであるだろう。日本人は大正期に美しい共同性を失ってしまったように見える。それで悩み苦しみ、考える。共同性を支えてくれていたものの根本を探り当てようとする。その段階ではもちろん、過去は良かったのに現在が駄目だから現在を何とかすべきだという、過去に遡って現状変革を目指す思想の軌道に乗っているわけである。

ところが、素晴らしかった過去の伝統的な日本への思いは、明治国家の構造的必然に導かれて、天皇にたどり着く。天皇がいたから安心だったのだと思う。そこで、話はおかしなことになる。大正期に天皇がいなくなったのか。そうではない。大正天皇は明治天皇よりも、もしかして影が薄く感じられたかもしれないが、「万世一系」の皇統を絶やさず、きちんといた。そのあとにも、昭和天皇が現れる。いつも天皇はいる。その点で日本は何も変わっていない。天皇の存在が日本の伝統のいちばんの根本であるとすれば、事実としての日本は相変わらず根本的に同じものとして現前している。過去に戻らずとも、天皇のいる現在は、やはり依然として素晴らしくなくてはおかしい。

それにもかかわらず、寂しく孤独になった感じがする。そうだとすれば、日本国民の天皇を感じる力が弱められたと理解するほかない。何か迷妄にとらわれてしまったのだ。それで日本人の精神が翳ってしまい、幸せな状況を素直に幸せだと感じられなくなってしまっている。ゆえに悲しくなったり、さびしくなったりするのだ。その迷妄を払えば、日本人は「中今」という充実した時間を生き直すことができる。今を改める必要はない。少し清めるだけでよい。

すると、清め祓《はら》うべき迷妄とは具体的には何か。いろいろ想定されるが、原理日本社の場合は、特には左翼革命思想である。天皇が今ここにいつもいてくれている現在のありがたみを否定し、天皇のいなくなった未来を想定して喜悦し、その方向に国民大衆を煽動している左翼が、日本人の精神生活から天皇を感じる幸せを奪いつつある。三井は、そう考えることで、蓑田胸喜らとともに原理日本社の運動を展開したのである。

三井甲之と丸山眞男

この三井の「中今」論の内容は、ただちに、丸山眞男の著名な論文を連想させずにはおかないだろう。丸山が「記紀神話」の検討から導きだした「歴史意識の『古層』」によれば、日本における時間の経過とは、ただただ「不断になりゆく」のであって、過去も未来も現在を異化する指標とはなり得ず、「永遠の今」が在り続けるだけなのである。かくなる日本的歴史意識の世界にあっては、まったく受動的にすべてをよしとする「歴史的オプティミズム」ばかりが増殖し、日本の歴史にはいついかなるときにも「究極目標などというもの」が存在したことはないし、その目標によってはじめて成立する能動的作為者としての主体的個人の存在もあり得ない[32]。丸山は、日本精神史を支える「通奏低音」として、こうした時間意識を把握する。しかし、三井はその「永遠の今」を、丸山の戦後の論よりもはるかか以前に「主旋律」にまで高めていたのである。

この丸山の、日本における言わば近代的政治主体存立不能説を援用すれば、三井の思考形態は以下のように言い直せるだろう。不断にうつろう「今」に従属し続ける人間には、現在を完全にこえた目標の設定と、その持続的展開は達成され得ない。よって現状への不満は、「なる」の論理に吸収され、現在とずるずるべったりになって、何が本当に不満なのかさえ、はっきりしないままになる。「今」しかなければ、あるのは「今」確かに存在するもののみであり、過去現在未来のダイナミクスから作られるはずの主体の葛藤と、そこからの積極的希望は、ここでは反復としての現在の中で、「今」を支えるものへの楽観的信頼へと、とってかわられる。「今」をたゆたうおのれを支えるものへの信頼のみが、「今」の不断の生成を約束するのである。

ここに現状と手を切る契機は、つまびらかにされないまま放置される。三井は、大正や昭和の日本の現実を気に入らないと思っていた。しかし、気に入らないことをまた気に入るようにしてくれる担い手を「今」を支える天皇に求め、言わば天皇に全部お任せする境地に至ることによって、天皇の理想的支配による永遠の充実の幻想が、天皇と国民とが不断になしつつある「国家生活」の中で「今」も実現しつつあるのだという妄想にたどりつき、現在にのめり込み、埋もれてしまう。かくして三井は、「中今」という楽観的な時間にとらわれ、思考停止状態に陥る。超国家主義における理想と現実の混交は、たとえばかくのごとくあらわれる。この問題については、第三章で、別の入口と角度から、あらためて検討されることになるだろう。

3　玉・恋闕・崇拝

玉としての天皇

三井甲之の極端な実例が示すように、天皇に究極の根拠を求める超国家主義者が、まさにそれゆえに現実を引きずり続け、完全なる変革者への飛躍を妨げられているとしても、かれらが、天皇の支配の下で、何もしない受身のものとして存在していたのでは決してない。それどころか、かれらは恐れ入るほどの行動者であって、血盟団事件や五・一五事件や二・二六事件を起こし、同時代の左翼よりもはるかにラディカルな足跡を歴史に残した。首相を暗殺したり、軍隊を動員して首都の中心部を占拠してみせたのである。つまり超国家主義者の少なくとも一部は、自らを天皇の前で受身のままにせず、自らを能動化し、主体化するための契機や方法を有していた。それだからこそ、三井と違って行動できたのである。

ここに、次の問いかけが生まれるだろう。いったい、超国家主義者は、自らの存立の核心としての天皇をどのように見立て、自らと天皇の関係をいかに設定することで、自らを能動化させられたのか。

私は、天皇大権による現状変革という観念にしたがう変革志向者の立場には、二つの理念型が設定できると思う。すなわち、天皇の価値を相対的に認める「相対主義」と、絶対的に認める「絶対主義」である。
「相対主義」は、天皇のてのひらの上ではない居場所に、少なくともおのれの精神は立てるのだという確信に支えられている。「相対主義者」にとっては、天皇とは自身の目的を実現するための戦略的道具立てに過ぎない。よって、この立場は天皇の虜囚という意味での超国家主義をのりこえているはずなのだが、「伝統にしばられた時代」にあっては、天皇の利用こそが唯一の有効な戦略であるとの想念に支配されている以上、天皇という「玉《ぎょく》」以外に使える「玉」はないと信じている以上、その独自性を評価するのはまことに困難と云わざるを得ない。つまり、本人の意識としては醒めていて天皇を相対化できているつもりでも、他の選択肢を思いつけない点では、絶対化しているのと変わらないのである。とにかく「相対主義者」は、綱渡りの危うさをもって、「玉としての天皇」を既成の権力から奪取しようと夢想するだろう。

この立場をとった者の代表者として真っ先に取り上げるべきなのは、久野収《くのおさむ》と鶴見俊輔《つるみしゅんすけ》とによって示された北一輝像である。久野と鶴見にとって北一輝とは、まずはヨーロッパ流の社会主義者である。ただ、ヨーロッパからの輸入品としての社会主義を日本に適合させ、その実現のための革命を起こすには、どうしても戦略的に天皇を利用するしかないという結論に達したというのである。北は、「伊藤（博文）のつくった憲法を読みぬき、読みやぶ」り、「天皇の国民」を「国民の天皇」[33]に読みかえることによって、とりあえず「伝統にしばられた時代」の日本の現実に即した、表面は右翼的だがじつはとても左翼的な革命の可能性をみたというのである。

確かに、北一輝の『日本改造法案大綱』は、とても社会主義的な国家変革プランを示している。私有財産の制限や都市部の土地の全公有化、華族制度の廃止など、国民を経済的平等へと推し進めようとしている。ところが、その革命をやるのは、プロレタリアートとか社会主義政党ではない。天皇なのである。天皇大権によって憲法を停止し、天皇の名のもとに新秩序を発足させようとするのである。

もちろん、革命の内容は、天皇個人が決めるのではない。北一輝が『日本改造法案大綱』の中で決めている。ただし、国民の多数が天皇を信仰している日本では、革命は天皇の名によってオーソライズされなくては成功しにくいだろう。だから天皇という「玉」を使わなくてはいけないのだという話である。

天皇を恋い慕う

対して「絶対主義」の立場は、あくまで日本における天皇の絶対性を自明の前提とする。この場は、ことに迫力をもった概念ともいうべき「恋闕《れんけつ》」と、より一般的な単なる「崇拝」とに二分することができよう。

「恋闕」については、戦後日本との違和感の末に自刃した評論家、村上一郎《むらかみいちろう》の所説が、もっとも魅力的なものだろう。村上は「恋闕者」の代表として北一輝を見いだす。久野や鶴見とは理解が違うのである。そして、こう述べる。「恋闕」とは、「王であれ、将軍であれ、総理大臣であれ、為政の頂点に在る者と自分とが対等の人格として向い合っているのだという意識、一国の政治・権力の在りようと自分とが地つづきであり、自分はこれにじかに責任を負うているのだという自任の意識」[34]によって保持される精神形態である。つまりそこでは、天皇と、臣としてのおのれとが、その存在拘束性を超越して直面し合うのである。おのれは天皇の掌握する諸領域とその存立基盤を同じくしており、これに天皇とともに、あるいは天皇を諭したり諫めたりしつつ関与する。実際にそうであるかはどうでもよい。「恋闕者」とは自分をそういう存在と思える人のことを言うのである。

そこから、天皇がきっと内心はやりたいと思っているに違いないが君側《くんそく》の奸《かん》に阻まれてできていないことを、天皇と対等であり、一心一体であるかもしれない自分が、代わりにやるという理屈が出てくる。自分の起こそうとする革命は、すなわち天皇がやりたいはずの革命なのである。そう考えてこそ、「恋闕者」は熱烈に思考し、果敢に行動することができる。自分が天皇と関係なく、孤独な個人ということになったら、何もやる気が起きない。それが「恋闕者」の存在様式である。自分の行動は天皇の行動である。そう信じてこそ、力が出る。

かくして「恋闕」の論理は、目の前の天皇制ヒエラルヒーへの服従を拒否し、一種の自己絶対化を招く。それゆえに、天皇無化のアナーキーな飛躍さえ予感させるかもしれないが、あくまで天皇絶対が自己存立の原点であることに注意すれば、最後に無化されるのは天皇ではなく、天皇と異質な自己のほうであることを理解せざるを得なくなる。天皇と対峙するおのれという孤高の主体性は、天皇に溺れてゆくおのれという、あたかも母の子宮に回帰しようとするような、甘美なる一体化衝動へと解消されてゆくのである。こうした心情の力強い担い手、影山正治はこう述べている。「天皇と一体であるから、やらずにはいられないのだ」[35]。「恋闕」は、この逆の方向性——自己と異質な天皇の排除——とは一般的には無縁である[36]。革命を起こしても、もしも天皇にそんな気は自分にないと言われたら、たちどころに気力が阻喪し、自我が崩壊し、挫けて、謝ってしまう。それが、少なくとも村上一郎の思い描く「恋闕者」というものだろう。

対する「崇拝」はより平凡であり、大方の超国家主義者はこのカテゴリーに属していよう。かれらは、優越者、絶対者として、天皇を発見し、その下位にあっての服従に至上の価値を見いだす。この立場では、天皇はあくまで不可侵の対象にとどまるから、「恋闕」とは明確に異質である。「崇拝者」は、「恋闕者」のごとくおのれと天皇との葛藤の幻想的狂熱を経験することなく、かれらにとっての天皇が表現する日本の理想へと、翼賛と補弼《ほひつ》の態度をもって前進するのである。

分裂する北一輝

ここで付け加えるならば、「相対主義」と「恋闕」の論理とは、理屈ではまったく別種の精神ながら、実際の政治実践の場に現れるときは、しばしば相似た様態を示す。「相対主義」は代案の可能性を担保しながらも、実際に代案は出てこず、天皇の利用を不動の戦略として固定化してしまう。「恋闕」がみせるのは、天皇即我という硬直した思考である。どちらも結局は、天皇に凝り固まり、そこにサザエか何かのように張りついてしまう。それだから、現実において、両者の心理と行動は、その見きわめがはなはだ困難であると言えるだろう。超国家主義のスター、北一輝の評価にこの種の分裂が顕著になり、久野収や鶴見俊輔と村上一郎の意見に割れてしまうのも無理はない。北本人も、分からなくなっていたのではないだろうか。

ただ言えるのは、この両者は「崇拝」よりも大きな破壊力衝撃性を示し得るということである。なぜなら「崇拝」には、天皇を単なる道具としてギリギリまで突き放そうとする企図もなければ、天皇をおのれと対等に向き合える存在として幻想するという、なかなかぶちきれた思念にも至らない分、現実の天皇のありように素直に吸引されておとなしくなり、凄みを欠いてしまう度合いが高く、したがってその思想の破壊力も小振りに見えてしまうからである。それはカリスマ度の高低のことにもつながる。大川周明らが、北に比してしばしば低い評価に甘んじねばならなかった理由は、このあたりにもあるかと思われる。

4　動と静のユートピアと逆ユートピア

天皇像はどこまで歪むか

それでは、超国家主義は肝腎の現状に対する変革、超脱のヴィジョンを、いかに展開させるのだろうか。個々の思想家の具体的意見を、詳細に検討してゆくとなれば、当然、キリがなくなる。しかし、大カリスマの天皇をすべての想念の基礎とするという超国家主義の大前提に注目すれば、そのヴィジョンの広がりかたについて、いちおうの見取り図を提出しておくことも可能になるだろう。

カール・マンハイムは述べている。

秩序と一致しないようなあらゆる観念は、存在を超越しており、非現実的なのである。具体的に現存し、現実に働いているそのときどきの生活秩序に一致する表象をわれわれは「存在に適合した」あるいは存在と一致した観念と名づける。こういう観念はそうざらにあるものではない（マンハイム『イデオロギーとユートピア』）[37]。

このように、人間の想念とは、存在が信用に値するとすれば、多くの場合、それに対して歪んでいる。思想と呼ばれるものは、多くの場合、具体的に現存するものの何らかの歪像《わいぞう》であり、現在あるがままのものの歪曲こそが、「超越」した思惟を産む手段である。よって、ある思想が、現実の何らかの構成物に限定されつつ自身を導きだすとき、そこにおいて限定物が内包するイメージの歪みの幅、その広がり得る可能性の両極を画定できれば、それに対応する思想の圏域が設定されてくるのではないだろうか。超国家主義の場合には、そこで玉座を占める天皇のイメージの広がりうる幅、その両極おのおのへの極限的飛躍の行き着く先が、それ以上の突破を困難にする境界域をかたちづくることになる。つまり、天皇を仰いで行おうとする現実変革の可能性は、天皇の持ちうるイメージの幅に規制されるのではないかということである。

たとえば、天皇を頂きつつ、天皇のいない国家を目指すのはおかしい。天皇の存在に基づくことで成り立つ思想が、天皇の非在を求める思想に直結することは、正常なものの考えかたでは、ありえないからである。天皇を頂きつつ、日本語を撲滅する革命を考えることもおかしい。今日も「歌会始」を執り行い続ける天皇は、古くから日本語の伝統の守護者であるからである。天皇を頂きつつ、日本人の食生活から米を追放する革命を夢想するのも奇怪である。神話時代から天皇は田の司祭だからである。

　極端な例を並べたけれど、天皇から導けない革命像を天皇から引きだそうとしても仕方がない。天皇のイメージの振れる幅には限界がある。振れる幅の限界が見えれば、対応する思想の極限域も見えるだろう。そのためには、日本近代における支配者天皇の基本イメージが、あらためて抽出されなくてはいけない。

「天皇親政」と「公議輿論」

　結論から述べれば、それはいわゆる「天皇親政」の立場と「公議《こうぎ》輿《よ》論《ろん》」の立場とのアマルガムとして把えられるのではないだろうか。この問題を解く糸口はいろいろあるが[38]、ここでは、丸山眞男の弟子のひとり、松本《まつもと》三之《さんの》介《すけ》の明快な天皇論をふまえつつ、日本近代の代表的劇作家、真《ま》山青果《やませいか》の詞章を敷衍して簡単な整理をしてみよう。

　一八七八年に生まれた真山青果は、歌舞伎や新国劇等のために膨大な戯曲を提供した。その本領は史劇にある。しかもそれらは、幕末などに表向きの材をとりながら、モティーフの点では執筆された時代の相と深く関連している。たとえば一九二六年の『江戸城総攻』の、江戸が戦火で灰燼に帰しかけるのを、西郷隆盛の志が救う物語は、その三年前の関東大震災で失われた古き良き東京への哀惜の念と関係している。また、一九三三年に執筆され、ようやく一九四三年に初演された『新門辰五《しんもんたつご》郎《ろう》』は、幕末の政争にそれなりに容喙《ようかい》しようとした火消しの辰五郎がついに火消しは火消しに徹するべきだと態度を修正する物語によって、軍人は政治にしゃしゃりでずに軍務に専心すべきだという思想を表明し、さらには大政翼賛運動を特徴づける職域奉公の思想の先取りにもなっている。

そんな青果は、二・二六事件まであと二年という一九三四年の戯曲『将軍江戸を去る』の中に、明治国家の天皇制創作の基盤を成した「国学尊王論」がたどりつく一対のイメージを、きわめて効果的におりこんでいる。つまり、時は江戸開城寸前、上野にあって未だ抗戦の意志を捨てずにいる徳川慶喜《とくがわよしのぶ》に対して山岡鉄舟《やまおかてつしゅう》が天皇信仰の両極像を、熱誠をこめて説き明かしてゆくのである。

そこで第一に説明されるのが「尊王」である。鉄舟の台詞にしたがえば、この立場は、「権力は即ち実質にありとの大則を認めず、たゞ外面的に、皇室に対し、恭敬の誠をつく」し、「日本天子様をたゞに御伊勢様の大神主《おおかんぬし》の如く、徒らに尊敬」[39]する。つまり、天皇は最高位の、至尊としての存在ではあっても、松本三之介の言葉を借りれば「みずからの意志にもとづいて政治的決断を下す自主的な政治的人格としての属性を与えられるには至らなかった」[40]のであり、よって「天皇の『意思』は、つねに何ものかの意思によって形づくられねばならない」[41]のである。ここに天皇の下位者は、天皇を奉じながら、天皇政治の担い手、みこしのかつぎ手として政治化し、正統なる支配をめぐる闘争へと参加する。しかし、ここで能動化する下位者とは、あくまで単なるかつぎ手——本来、決断すべき最高位者、主権者が実際は何も決断しないという特殊な事情に由来する、まったく不安定な、かりそめの意思代行者——でしかない。近代主義的に言えば、この政治主体化への意識は、あくまで不決断者への絶えざる意思の充塡という天皇政治への参画意識に過ぎぬがゆえに、完全に独立し、安定した政治主体には到達し得ず、擬主体の域にとどまり続けるというわけである。したがってその運動の性格も、永久的未完性、及び不断の動態性から特徴づけられよう。

こうした天皇政治のひとつの極端なイメージがまさに現実化したのが、幕末維新の闘争期と、大正昭和期の権力の揺動と混乱の時代であった。そして、天皇制国家の制度的確立の後、つまり天皇信仰の一般化の後に来る政治的混乱期、まさに大正から昭和の時代においては、現実に圧倒的高みに達してしまいながらも相変わらず不決断な天皇へのさまざまなアプローチと、それらの間の対立・闘争は、例えば天皇を掌中に収めることがより現実的であった幕末勤皇の志士たちに比すれば、よりいっそう病的な様相を現出させるだろう。超国家主義者たちにあらわれる前近代的主体性の論理としての「恋闕」、また「玉としての天皇」といった認識の類いは、どこか病的なのである。

続いて青果が鉄舟に語らせる第二の立場は「勤王」である。

「権は力なり——この鉄則を遵奉すること」。「大権の保持さるべき実質を採りて、総《すべ》てこれを皇室に奉還すること」[42]。要するに、決断者であろうが、不決断者であろうが、「政治の究極的権威の担い手として登場した天皇は、被治者を政治から疎外し、彼らにたいして批判を超えた服従を要求しうる」[43]のであって、下位者は一切の主体化、擬主体化を放棄すべしとの態度が、「勤王」の本道である。

鉄舟はこの論理によって慶喜を説得する。みこしの担ぎ手であり続けようとし、政治闘争と軍事戦争に身を浸そうとしていた将軍は、鉄舟の言に改心し、千住大橋を渡り、静かに江戸を去ってゆく。ここに政治と闘争は消滅し、世界は停止する。つまり「勤王」とは、下位者に完全なる非政治化を強いて、永遠の静態を志向する世界観を表明するのである。

「動の極」と「静の極」

以上のように、青果の言う「尊王」と「勤王」とが、天皇政治の原理の両極をさし示し、その性格が動態化と静態化と云った対概念に換言されるならば、またこの両極的イメージのアマルガムとして天皇制下の現実世界が思念されるとするならば、天皇を最終拠点に現状の変革を志向する超国家主義の振幅には次の二極が設定されるであろう。

・動の極／天皇の最高位者でありながら不決断者であるとの性格に喚起される動態的イメージを極限化してゆく立場
・静の極／天皇の有無を云わさぬ絶対者としての性格に喚起される静態的イメージを極限化してゆく立場

これら、ユートピア志向の二極的範型おのおのの純粋化と両者の混交化とのダイナミクスによって、超国家主義はその射程域を局限できると考えられる。

剣のユートピアと永久戦争

さて、天皇概念から放たれるその動態性のユートピアたる、言わば「動の極」は、不断の闘争を純粋化した無窮動的世界となろう。天皇の空っぽの意思に、絶えずどこからか活力が入り込み、天皇は何かを宣言し、既成秩序を打破し、誰かと戦い続けなくてはならない。空間の緊張化への欲求、極限的闘争の遂行が生の輝きを保証するのである。そして、そこには決して安定はない。

こうした性格に特徴づけられる、「動の極」への運動は、現実政治における緊迫の追求、天皇という大いなる空白に身を賭して飛び込もうとする意識の「やむにやまれぬ」激発、その一型としてのテロル、また天皇がひとたび日本から世界へと投げだされれば、活性化すべき空間の物理的拡大への欲求、無限戦争・無限膨脹の志向を大きな特色とするであろう。「動の極」への運動は、永久政治闘争を、永久革命を、永久軍事戦争を求めてやまないのである。そのダイナミックな高揚の永続の中に、理想的な生の充実の状態があると信じるということである。

この闘争のユートピア、剣のユートピアのイメージに関連して論じられるのは、天皇の御稜威《みいつ》へと自己投企するテロリストから、より体系的な世界観・戦争論を夢想する思想家たちにまで至るが、中でも「動の極」への運動の純粋型を示すかのような求道的心性と外向的理論を展開した鹿子木員信の存在は、きわめて象徴的である。

鹿子木員信（1940年）
（宮本盛太郎『宗教的人間の政治思想』1984年　木鐸社）

鹿子木は、一八八四年（明治一七年）生まれだから、北一輝よりも一つ年下、井上日召や大川周明よりも二つ年上になる。海軍機関学校を出、海軍軍人として日露戦争に参加し、巡洋艦八雲《やくも》の乗組員となって、日露戦争における黄海海戦や日本海海戦といったロシア艦隊との歴史的決戦の場に居合わせた。そして戦後、彼は戦時の高揚という特別な体験を哲学化したいという欲求に強くとらわれ、軍人を辞して京都帝国大学に学び、ついで第一次世界大戦前のアメリカとドイツに留学し、コロムビア大学で修士号、イェーナ大学で博士号を得た。そんな鹿子木は、第一次大戦のさなかの一九一五年（大正四年）に、書名からして彼の思想傾向の精髄を示しきった『永遠之戦』を刊行し、そこで次のように述べた。

此の世に平和は無い。此処にあるものとては、唯だ『永遠の戦』と、その仮の姿に他ならぬ『征服』と『勝利』と『対陣』と『対抗』あるのみである。かくして此の永遠の戦の戦はるる此の世に於ける存在根本の条件は、此の戦に堪ふる力である。（中略）不断の緊張、努力、野戦、対陣に堪ふる不屈不撓鋼鉄の力である。而して人類を鍛えて、如此百錬の鉄たらしめ、以て怖る所なく、敢然として『永遠の戦』の運命を甘受せしむるもの、実に国家である。かくして国家の善き正しき鞭は、人類を鍛えて、之れをして従容として歴史の神の召命に聴かしめ、国家本体の剣は、人斯優劣裁断の剣となりて、人類胸中最高最善の力を求むる『天沼矛』＝創造の剣となりて、以て精神的王国の建設と、その確立擁護に任ずる。かくして国家は人類の善き正しき鞭であると共に、またその善き鋭き剣である（鹿子木員信『永遠之戦』）44。

鹿子木は、日露戦争が終わっても自らの精神から拭えなくなった緊張と対決への衝動を、「剣」と「鞭」に象徴される武闘国家のイメージに結晶させ、永久の戦争が永久の創造であるというヴィジョンに達して、「動の極」への運動態の一典型を鮮烈に示しきっている。

同様の傾向は、北一輝にも強烈に披露される。『日本改造法案大綱』から緒言を引こう。

欧米革命論ノ権威等コトゴトクソノ浅薄皮相ノ哲学ニ立脚シテツイニ「剣ノ福音」ヲ悟得スルアタワザル時、高遠ナルアジア文明ノギリシアハ率先ソレミズカラノ精神ニ築カレタル国家改造ヲ終ルト共ニ、アジア連盟ノ義旗ヲ翻シテ真個到来スベキ世界連邦ノ牛耳ヲ把リ、モッテ四海同胞、ミナコレ仏子ノ天道ヲ宣布シテ東西ニソノ範ヲ垂ルベシ。国家ノ武装ヲ忌ム者ノゴトキソノ智見ツイニ幼童ノ類ノミ（北一輝「日本改造法案大綱」）[45]。

北は「剣ノ福音」を説き、世界連邦実現までの「百年戦争」的なヴィジョンを掲げて大いに高揚している。また、「日本改造法案大綱」に示された、戒厳令によって大日本帝国憲法を停止し、法という一種静態的な力を外して、何が起きてもよい徹底的動態世界を現出せしめようとする非常時の構想力には、やはり「動の極」への志向が顕著にあらわれている。

石原莞爾（1947年3月）
（石原莞爾『最終戦争論』1972年　経済往来社）

そして、この種の想像力の終着点を示したのが石原莞爾の「世界最終戦論」であり、また大川周明の「東西対抗史観」であろう。ことに石原の、科学と神話の結合した独自のヴィジョン――「今から三十年内外で人類の最後の決勝戦の時期に入り、五十年以内に世界が一つにな」[46]り、そ

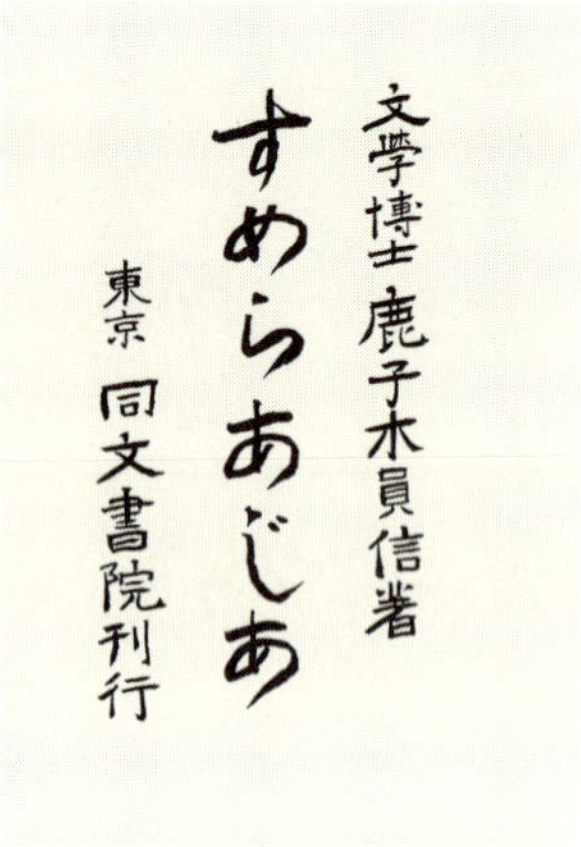
文學博士 鹿子木員信著
すめらあじあ
東京 同文書院刊行

鹿子木員信『すめらあじあ』扉
（1937年　同文書院）

こでは「天皇が世界の天皇で在らせらるべき」[47]八紘一宇の世界国家が実現し得るとの主張——の具体性は、類例の見つけられるものではない。

このように、空間の活性化と無限開展による不断の闘争を志向する「動の極」への運動は、現実界に適用されると、世界空間の限定性とそれを支配した地政学的世界観に束縛され、天皇中心の世界国家という究極的新秩序のイメージに吸引されてゆく。鹿子木員信の「すめらあじあ」思想[48]また然りである。

同時代に、ドイツの思想家、カール・シュミットは、絶対的人格が友と敵を絶えず峻別しては敵を不断に打ち倒してゆくという、一見、北や鹿子木にも似た、苛烈な政治状況のイメージにとらわれていたが、それは悲観的な終末意識と、あくまで不可分だった。しかし、日本近代右翼の「動の極」への運動は、カール・シュミットと対照的に、けっこう明るいようにも思われる。そこに何らかの楽観が認められるとすれば、それはやはり「天壌無窮の皇運」という頼りがいのあるものといつも結びついた「中今」状態に担保されているせいだろう。

「動の極」への運動の現実態は、いつ実現できるかはなかなかよくは分からない世界国家に向けて、非常時を維持し、熱狂状態を永久反復するという、莫大な労力と犠牲を強いるユートピア運動となる。理念としての緊迫法悦のユートピアは、現実には血の海を広げてやまない反ユートピアを現出させる。超国家主義者の意図するユートピア的戦争と現実の戦争美化とは、あくまで異なる位相にとどまるはずにもかかわらず、現状と手を切れない超国家主義的ユートピア意識は、大日本帝国による侵略戦争イデオロギーと容易に区別がつかなくなる。

鋤鍬のユートピアと永遠の村

次に「静の極」への運動である。これは、天皇に付与された絶対かつ親和的な威光へと傾斜し、徹底的な非政治化、闘争の排除の上になる悠久の静態、永遠の平時に固着してゆく傾向に支配されるだろう。

この志向は、ことに農本主義的諸発想に明瞭にあらわれてくる。そのいちばんの典型は権藤成卿だろう。たとえば彼は『自治民範』で、こう述べている。

権藤成卿
（滝沢誠『権藤成卿』1971年　紀伊國屋書店）

凡そ国の統治には、古来二種の方針がある。其一は生民の自治に任かせ、王者は唯だ儀範を示して之に善き感化を与ふるに留むるのである。其二は一切の事を王者自ら取り仕きつて、万機を綜理するのである。

我肇国の主旨は全く前者の主義によつたものである。生民の必要は衣食住である。制度が如何に変革しても、動かすべからざるは、社稷の観念である。衣食住の安固を度外視して、人類は存活し得べきものでない。世界皆な日本の版図に帰せば、日本の国家と云ふ観念は、不必要に帰するであらう。けれども社稷といふ観念は取除くことが出来ぬ（権藤成卿『自治民範』）[49]。

ここで言う「社稷《しゃしょく》」とは、原始的な自治村落共同体の理想型を意味していると、とりあえず言ってしまってよいだろう。権藤にとっては、「社稷」さえ成り立っていれば、人間には近代的な国家も法律も軍隊も工場も要らない。小共同体を基本に農業や漁業をやって、衣食住、それから性欲を充たせれば、あとはどうでもよく、そういう理想状態から近代の現実が逸脱しているとすれば、その変革が主張される。人間生活の基礎的範疇の絶対化による、無用な制度、無用な支配、無用な文明の棄却が、彼の希望である。こうした権藤の反近代的、反科学的、あるいは反近代国家的な、永遠の静態的秩序への訴えかけは、近代化の諸矛盾の析出期にあっては、確かに現実への痛罵となる。

しかし、絶対なる天皇に帰一し、「王者」と「生民」の二項区分を大前提とする根本図式によって、権藤の思想は直ちに永遠の抑圧の理念的表現にも転化してしまう。「我祖宗の社稷を尊重したる神旨は実に千百世の上より、千百世の後を慮り、暴民争闘の弊害を防止する」[50]との一節からも、「社稷」とは、「けっして古代的遺制あるいはイデーとしての『無政府社会』なのではな」く、「アジア的専制権力の補完物であって、下級構造たる村落共同体の内部原理に干渉せずそれを『自治』にまかすような関係こそ、専制的国家の強力な権力の源泉」[51]とのニュアンスから脱却しきれない概念であることが看取されるだろう。民衆は無政府状態で放っておけば、「暴民」となって「争闘」するものであり、それを抑え、「王者」の前に跪かせておくための最低限の仕掛けが「社稷」なのである。最低限のエネルギーで統治するのが、政治機構にとっては無駄のない最良のありかたなのだから、権藤は「社稷」以外を認めない過激思想に達する。こうして、「社稷」の約束する、無変化で非政治的なユートピアの時間は、何よりもまず静態的服従の持続という統治のイデオロギーと重畳する。

二つのユートピアと二つの暴力

以上、天皇イメージの二極のもとにたちあらわれる二つの世界の簡単なデッサンを試みた。「動の極」への志向は、無限運動による生のとてつもない充実を喚起し、「静の極」への志向は、静止した世界の中での究極の安心立命を予感させるが、どちらも理想と現実という相反するものの双面の化身、天皇の中で、否定さるべき現状と重畳することを運命づけられる。

このおよそ対極的なユートピア的志向は、各々のイデオロギー的側面においてはまったく切り離し不能である。本章の最後に、この点を確認しておこう。

ここで参照されるべきは、二〇世紀ドイツの思想家、ワルター・ベンヤミンの「暴力批判論」である。

その論考でベンヤミンは、正統性を主張するあらゆる法・正義・秩序の根源に伏在する暴力性を鋭敏に察知し、それを機能によって二分してみせる。勝者によって新しい法関係が制定される戦争に代表される「法措定的暴力」と、ミリタリズムにおける一般兵役義務に代表される「法維持的暴力」である。

この両方の暴力を担いつつ人間を圧迫し続けるものこそが、いわゆる国家である。ベンヤミンは、これら二つの暴力が「オバケめいた混合体となって」[52]現存している場として、たとえば警察をあげるのだが、近代日本においてこの二つの暴力が究極的に混交し、その混乱した力場を保持増幅したものこそが、独自の性格を付与された主権者天皇となるのである。「前者の暴力（法措定的暴力）が、勝利することによって自己の資格を証明することをもとめられているとすれば、後者の暴力（法維持的暴力）は、新たな目的を設定しないという、制約のもとに置かれている」[53]という指摘は、天皇につながれた夢想の両極の行方、そのイデオロギー的側面を適確に表現している。

ベンヤミンの言葉を借りて整理すれば、超国家主義のイデオロギーは以下のようになるだろう。超国家主義者の試みが天皇イメージの純粋化から現状打破をはかるとすれば、それは国家の支配者としての現実の天皇が担保する「オバケめいた混合体」となった二つの暴力の各々を分離し、純粋化する試みであったと言えるだろう。そこから導かれる幻想の世界——世界永久革命戦争と無限の停滞とに分解してゆくユートピア——は、現実の対外戦争と対内抑圧との虚偽的表象になる。そして、「法維持的暴力」が創出されるためには、必ずやその前段階として「法措定的暴力」が措定されなければならない以上、「静の極」は、その起源ないし起源神話として、必ず「動の極」を宿さねばならない。ユートピア像の二極は、継起する筋書きによって不可分に結ばれているのである。

天皇を鍵としてみるとき、超国家主義とはかくなる宿命的構図を背負う。その中で超国家主義者たちは、苦悶し、熱狂し、逼塞したのだった。

第二章

右翼と教養主義——どうせうまく変えられないならば、自分で変えようとは思わないようにする

1 「口舌の徒」安岡正篤

竹内好に貶められる安岡正篤

世の中を変えようとしてみても、なかなかうまくゆかない。それならば、自分で変えようとがんばってみても無駄なのだから、積極的に変えよう、異を唱えようとは、なるべく思わないようにする。変革は先送りにする。あるいは人任せにする。そして、もしかしてとてもやる気のなさそうにもみえるかもしれない態度を、それなりに正当化し、筋を通す。もしもそんな思想が登場したとしても、不思議ではないだろう。

じつは、そういう考え方は本当にあらわれ、その時代の右翼思想の中に、重要な一郭を占めた。その一郭の主と目されるべきなのは、安岡正篤《やすおかまさひろ》だろう。戦後にはずっと「歴代首相の指南番」と呼ばれ、最晩年には、占星術師の細木数子《ほそきかずこ》と浮き名を流して、写真週刊誌や女性週刊誌を賑わせた、あの安岡である。

今日、安岡正篤の名は、読書人にはそれなりに知られているはずだ。その著作は、特に一九八〇年代このかた、普通の書店でも、いつもたくさん売られている。しかし、その読者の圧倒的多数は、安岡を、右翼の巨人とか、北一輝や大川周明と並び称されたことのある日本ファシズムの理論家のひとりとして歓迎しているのではないだろう。現今の出版界における安岡の役回りは、あくまで企業経営者や中間管理職のための人生の指南書の著者であって、それ以外の何ものでもない。要するにファシズムの時代を彩った右翼思想家としては、ほとんどまじめに取り扱われていないのである。戦前戦中の思想史を扱った書物で、ときおり目配りの良い概説[1]に「日本ファシズムのイデオローグの一人で革新官僚と結んだ」などと叙述されてきた程度で、知名度に比して思想の実質はひどく軽く扱われている。さして顧慮に値しない、その他大勢のひとりくらいにされている。

いや、顧慮されないとか、無視されているとかいうのならばまだよいのかもしれない。右翼を内在的に批判し、検討しようとする戦後の批評家や研究者には、安岡を無視するよりも、積極的に蔑《さげす》みの対象とし、馬鹿にすることで、自らの矜持を保つ習慣が根づいてきたようにさえ見える。自分の論考の対象は、あのどうしようもない安岡よりはずっとましだというわけである。

たとえば、竹内好《たけうちよしみ》は、北一輝を取り上げようとするとき、安岡も引き合いに出してこう述べた。

安岡正篤
（安岡正篤他『安岡正篤とその弟子』1984年　竹井出版）

> 日本ファシズムの指導者は数少くないが、ともかく一つの理論体系をもち、その理論が現実にはたらきかけたという点では、北がほとんど唯一の例外ではないかと思う。大川周明は学者だが、革命家としての器量が小さい。権藤成卿や井上日召には、権力奪取のプログラムがない。頭山満は単なるボスである。その他石原莞

爾のような軍を背景にしたものから安岡正篤のような口舌の徒にいたるまで有象無象はたくさんいるが、理論創造の能力において北に匹敵するものは、ほとんど一人もいないのである（竹内好「北一輝」）2。

この文章では、北一輝以外に名前の挙がった者は、みな、北よりも軽くみられている。だが、同じ軽い人々の中でも、安岡が最下位者として特に貶《おと》しめられているようである。文脈からいって、そう感じるのが自然だろう。竹内は安岡を、口先のみ発達し、言葉を弄び、さももっともらしいことを言いながら、実際は革命家らしいことは何もしない者の典型として一蹴している。

渡辺京二と松本健一にも貶められる安岡正篤

また、すぐれた思想史家、渡辺京二《わたなべきょうじ》の名著『北一輝』には、次のような一節が見出される。

両津の港に着いて最初に見たものは、若宮通りの八幡若宮神社境内に立つ北一輝・昤吉の記念碑であった。若宮社は松林に囲まれた、加茂湖畔のかわいらしいお宮で、記念碑は鳥居のすぐ右側にある。昭和四十四年十月に建てられたもので、表に一輝と昤吉のレリーフがはめこまれ、裏には安岡正篤による碑文が刻まれている。碑文の内容についても、お世辞にも似ているとはいえないレリーフについても、私は刺すような悲哀を感じた。（中略）両津あるいは佐渡との一輝の関係は、結局こういうものでしかありえないのだ（渡辺京二『北一輝』）3。

北一輝を論ずることには強い意義を見いだしている渡辺の、安岡に按じられた碑文が北の歴史的値打ちを下げているように感じて困り果て、いたたまれなくなっている心持ちが、ひしひしと伝わってくるだろう。ここにも、竹内の描いた安岡像に近いものが、せりあがってくる。

もうひとつ、今度は、大川周明を持ち上げてみようとした松本健一の一文を引いてみよう。

　大川周明の不人気は相変わらずである。このあいだ、陽明学者の安岡正篤が死んだときなどには、安岡のことを北一輝・大川周明と並ぶ右翼の指導者だったと紹介する新聞もあったほどで、大川は安岡と同レベルにまで価値が下がってしまっている。もちろん、これは北一輝についても同様なわけで、ジャーナリズムの無知を笑えばいいだけのことだろう

（松本健一『大川周明』）[4]。

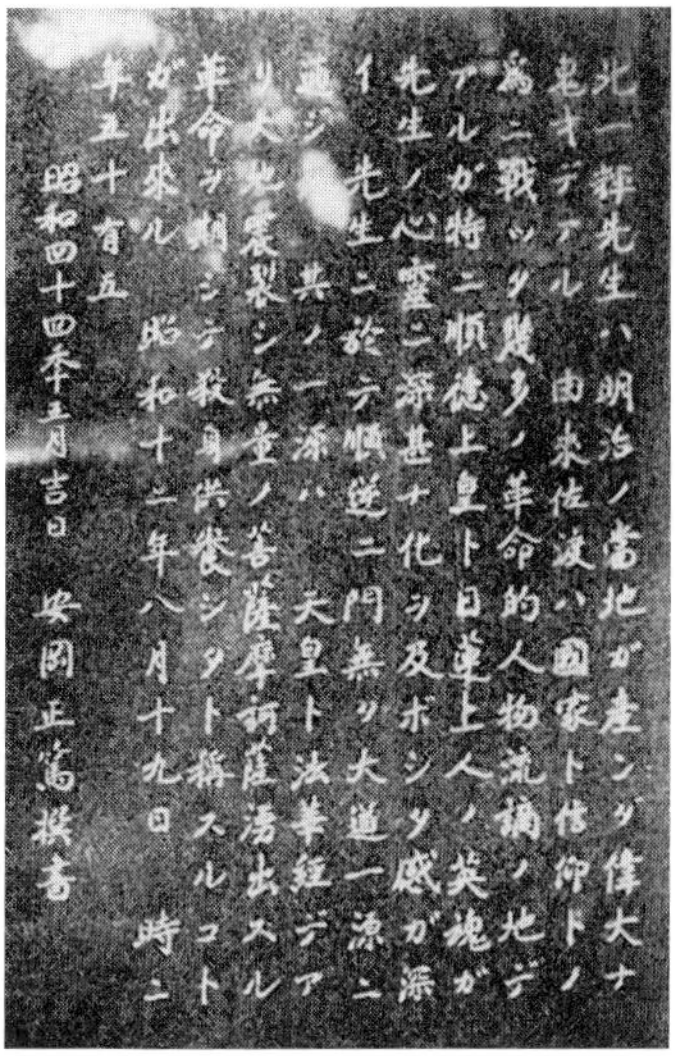
佐渡市両津八幡若宮神社境内にある安岡撰書による北一輝碑文
（小松辰蔵ほか『北一輝と佐渡』1984年中村書店）

　ここで松本は、安岡にわざわざ陽明学者とことわりを入れている。確かに安岡の本領のひとつは王陽明研究にあったのだし、世間でも陽明学者で通っていた。だから松本のレッテル貼りはじつに正し

い。が、この文章からは、安岡を右翼のまともな思想家の範疇に入れることに、松本が恐らくいやな感じを抱いていることも伝わってくる。松本にとって、安岡は語るに値する右翼ではないらしい。

以上の引用によって、右翼を内在的に論じてきたと呼んでもよいだろう人々による、安岡評価の主調がうかがい知れてきただろう。早い話がバカにされているのである。

内在的右翼批判者の立ち位置

「北、大川とならぶ」とも言われた右翼の指導者、安岡正篤は、一群の思想観察者たちによって、なぜにここまで毛嫌いされ、貶められ、また正面きっての論及や批判や再評価の対象たりえないのだろうか。

そもそも、右翼を親しく内在的に論じようとする人々とは、たとえば第一章でその超国家主義理解を概観した橋川文三に近いところのある精神の持ち主である。そうした精神は、戦前・戦中の右翼的・ファシズム的・日本主義的思想体験といったものを戦後民主主義の観点から憎むべき悪とすっぱり割り切ることが何か偽善的であるように感じられ、そこに今も汲み取るべき何かがあるのではないかとわだかまって考えてしまう、いわば戦後に素直になじめなかった「はぐれ者第一世代」によってはぐくまれた。そこに、筒井《つつい》清忠《きよただ》の整理を借りれば、「普遍的な価値理念としての『戦後民主主義』が大きく動揺をはじめており、そしてその理念への反抗を期して始められた様々な形態の社会変革の運動もまた一つの壁に直面しているという認識」に至り、そこから「『戦後民主主義』と従来の社会変革運動とが共にアプリオリに『悪しきもの』『採りあげるにも足らないもの』として切り捨ててきた戦前の超国家主義運動の思想と行軌の中に問題解決の一つの方向を模索」[5]することへと動いた「はぐれ者第二世代」が結合した。そうして、戦前・戦中の右翼思想家を見直してゆく批評と研究の潮流ができあがっていった。竹内好も渡辺京二も松本健一も、そこに棹さして仕事をしたと、私は理解している。

　ということは、戦後日本にインパクトを与えうる「社会変革の運動」の思想につながってゆく要素を持った、つまりどこかしらはっきりと革命的に見える右翼でないと、彼らの俎上《そじょう》にはのぼってこないことになる。同時代的に北一輝と並ぶと言われた右翼思想家でも、具体的な変革の臭いのしない右翼は、本当の右翼ではないから排除するわけである。そこで、真っ先にあの人は違うと除け者扱いされてきたのが、口先だけでは右翼じみたことをいろいろ言うし、現状が気に入らないとも宣言するが、具体的な変革のプランとなると煙に巻くような話しかしない、安岡正篤というわけである。

「うその標本」安岡正篤

　そして、竹内好や渡辺京二や松本健一ら、内在的右翼批判を試み、右翼思想の中にある国家の現状を超えてゆこうとする面を評価しようとした戦後の論客たちの安岡観は、大正から昭和にかけてのリアル・タイムに安岡と付き合った、変革志向の強い右翼思想家や行動家の安岡観とも完全にだぶっている。

　たとえば『大川周明日記』の一九三八年（昭和一三年）の項を引こう。

十一月九日　水

（略）朝藤田君（藤田勇、東京毎日新聞社々長）来訪。今度安岡君が洋行するので其前に安倍十二造氏が是非予に同君と夕飯を共にするやうに言ふから肯いてくれとのこと。聞けば安岡君も近来箔がはげて秋風落莫の様子だとのことだ。断はるほどのこともないから承知した。

十一月十二日　土

（略）夜安倍十二造氏の招待で驪山荘で藤田安岡両氏と共に夕食。安岡君は来月廿二日出帆、洋行の途に上るとのことだ。久振りで安岡君の話を聞いたが言ふことが万事空々しく響いてまことに不快だ。安岡君と藤田君と相並んで居るとうそとまことの標本を並べ見る気がする。

（『大川周明日記』）[6]

ここには、戦後の竹内好に受け継がれた「口舌の徒」安岡正篤のイメージの生々しい原型がある。

ちなみに、安岡正篤と大川周明の縁はとても深い。猶存社《ゆうぞんしゃ》、大学寮《だいがくりょう》、行地社《こうちしゃ》といった右翼団体で行動をともにし、特に大学寮時代には、実践・思想の両面で、大きく影響し合った。もともとはインド思想研究者であった大川は安岡によって日本的なるものに開眼し、日本や中国の古典の世界に生きていた安岡は大川の教導でアジアの現実に覚醒した。しかし、両人は、行地社の初期から次第に疎遠となり、この『大川日記』のころには、少なくとも大川の側からすれば、並ぶのも「不快」な間柄になってしまったわけだ。その原因はとりあえず、現実を変革したいという気持ちの表への出方と、それと密接に関連するパーソナリティの相違に求められるだろう。

「安岡正篤看破了也」

もうひとつ、徹底して過激な足跡を日本近代史に残した右翼テロリスト、小沼正《おぬましょう》の自伝から引いてみよう。小沼は、一九三二年（昭和七年）の血盟団事件に加わり、浜口雄幸《はまぐちおさち》内閣の蔵相として金解禁政策を断行した井上準之助を東京の駒込で暗殺した人物である。彼は、一九三〇年の晩秋、安岡と、井上日召をはじめとする血盟団の面々が一同に会した、水戸における深夜の宴会を次のように振り返っている。

> 夜の十時ごろになって、檜山（誠次）、古内（栄司、血盟団事件で懲役一五年）、黒沢（大二、同じく懲役四年）、照沼（操、五・一五事件で懲役五年）、堀川（秀雄）、黒沢（金吉、五・一五事件で懲役五年）、川崎（長光、同じく懲役一二年）、照沼（初太郎）、小田野、私のほかに退転組数人を交えて、魚来庵に安岡正篤先生を訪ねた。日召先生は浴衣一枚の姿で、すでにベロンベロンに酔っていた。安岡先生の傍らには、牛島県知事が侍《はべ》り、末席に水戸高校の斎藤先生、野口氏（静雄、安岡の門弟で権藤成卿と血盟団グループのパイプ役）などが連なっていた。芸者もいた。（中略）
>
> ひとりぼっちにされた安岡正篤先生は、照れかくしに

小沼正
（小沼正『一殺多生』1974年読売新聞社）

芸者を相手に磯節の稽古《けいこ》をしていた。そのうち、安岡先生は私に杯をくれて話しかけてきた。そうして、何を思ったのか、芸者に硯箱《すずりばこ》を持って来させ、紙片にさらさらと漢詩を書いて私によこした。達者な筆跡だが、なんと書かれてあるのかさっぱり判読できない。私は、その書をひとなめすると、さっと檜山に渡した。檜山も「はあ」と言ったきり、それを次にまわした。それからそれへと、座敷中をリレー式に手渡って、もとの安岡先生の手元に戻った。だれもじっくり鑑賞した気配がない。「君たちにこの意味がわかりますか」ぶぜんとした表情で安岡先生が言った。「いいえ」と私は一同を代表してすかさず「私たちみたいな田舎者には、そんなふうに達筆に書いていただきましても、だれにも読めやしません」と答えた。日召先生は、うす目をあけて素知らぬ顔をしていた。「ならば、読んで聞かせよう。「高殿ニ登リテ見レバ……」と、自作の七言絶句を、得意げにとうとうと、読みあげた。「このくらいのものは、すらすら読めなきゃ、君たちダメだぞ」檜山と私は、思わず顔を見合わせると、くすりと笑った。この笑いは、言うなれば〝安岡正篤看破了也〟を暗黙のうちにうなずき合ったものだった（小沼正『一殺多生』）7。

これは安岡正篤を語るのにあまりに興味深い回想である。この素直な表白には、大ざっぱな歴史観からすれば同じ右翼という範疇に放り込まれるだろう安岡と小沼との、人物・生活・思想のあまりのかけ離れぶり、貴族的指導者と下層の一青年とのどうしようもなく埋めがたい懸隔が、歴然と示されている。安岡が政財官界人を馴致《じゅんち》する際の常套手段とした、「お座敷」で漢詩など披露しての教化の妙手は、小沼ら血盟団の青年たちにはまるで通じず、絶望感と軽蔑感を惹起せしめただけだった。先述した右翼内在批判者たちに伏在する安岡観が、これと似た心持ちに由来するだろうということも、見当がついてくるだろう。

はて、竹内好、渡辺京二、松本健一らに侮られ、大川周明に呆れられ、小沼正のような青年行動者から、酒宴の場の短い時間で「看破了也」とあっさり片づけられてしまいながらも、それでも紛れもなく日本ファシズムの思想的指導者のひとりとして歴史に足跡を残し、大物右翼人として同時代に名を馳せていた安岡正篤とは、いったい何者なのか。まず、その伝記をたどってみることにしよう。

2 教学と維新

大阪人安岡正篤

安岡正篤は、一八九八年(明治三一年)、大阪の船場《せんば》の順慶町に生まれた。安岡は一〇代で養子に行ってからの姓で、もとは堀田《ほった》姓である。堀田家は、南北朝以来の、由緒ある勤皇の血筋と伝えられる。安岡は、幼少から実父の厳格な漢学教育を施された。育ったのは、町なかではなく、大阪郊外の四条畷《しじょうなわて》である。

もしも、北一輝が生まれ故郷の佐渡の、大川周明が同じく庄内《しょうない》の、ともに辺境的かつ北国的で、中央に媚びるのを潔しとしないような思想風土や政治文化と切っても切れずに人間形成を行ったのだとすれば、安岡正篤にとっての大阪も、同様に重要になってくるだろう。佐渡や庄内に比べれば温和な風土だし、辺境ではなく日本の中心的エリアのひとつである。
しかも大阪といっても、生まれは船場で、育ちが四条畷ときている。船場は都会のど真ん中であり、商業地である。町人文化のはぐくんだ現世的意識というか、理想論よりも処世術を大切にする現実感覚を象徴する空間である。一方、四条畷は尊皇の理想をはぐくむ土地である。何しろ、南朝の忠臣、小楠公《しょうなんこう》こと楠木正行《くすのきまさつら》が最期を遂げた戦跡地だ。土地柄が天皇への愛を要求する。しかも、大阪といっても田舎である。都市近郊の鄙《ひな》の感覚が息づいている。この船場的なものと四条畷的なものを均らすと、思想家安岡が誕生すると言ってもよいだろう。いずれにせよ、大阪なくして安岡という人はない。

　四条畷での少年時代から、安岡には老成した風格が備わり、世情を超抜する感があったという。そうした人物像を推し量るための恰好の挿話として伝わるのが、四条畷中学時代に生徒たちの起こした大規模な騒乱未遂事件である。

　あるとき、上級生と下級生のあいだに深刻な諍《いさか》いが起こった。どちらも学校どころではないと、授業をボイコットし、上級生は神社、下級生は墓地に立て籠もった。やくざの出入り寸前のような騒ぎになった。そうして両陣営が見合っているとき、下級生側の一員なのに、超然として籠城劇に加わらず、なぜか教師たちにくっついていた安岡が、教師の意を汲んで上級生の側に赴き、「こんなことをしていてもつまらんではないか。いいかげんにしてやめようや」と一言述べた。すると、何やらすべてが円満となり、騒然たる大事はたちまちに解決してしまったという[8]。

　まことに象徴的な物語である。後に思想家となった安岡は、闘争よりも大和《だいわ》だといつも言った。大和がそのまま国の名にもなっている日本は、闘争したり分裂したりしてはならないと言った。安岡には『大和』という著書さえある[9]。昭和の次の元号に平成の二文字を案じたのを安岡とする説も流布し、それには否定説もあるが、確かに平らかに成るという言葉は大いなる和に通じ、これもまたじつに安岡らしいのである。

対して、たとえば大川周明の伝記に必ず登場するのは、学生ストライキを戦闘的に指導した武勇談である。大川は、熊本の旧制第五高等学校時代、一人の学生の慣例を破った五高から一高への情実転学に他の学生たちが憤ったとき、先頭に立って学校当局と対決した。そこですでに大川と安岡の、一時は同志の契りを結びながら、並ぶのも不快になる、のちの運命も定まっていたのだろう。

大川周明との蜜月

一九一六年（大正五年）、安岡は第一高等学校に進み、独文学と西洋哲学に傾倒したあげく、そのはてに少年時代からたたき込まれた漢学を再発見して東洋に回帰するという、近代日本人にありがちな道筋を歩む。ただ、その遍歴は、旧制高校の学生のうちに済んでしまったのだから、やや性急な感もある。

一九一九年には、東京帝国大学法学部政治学科へ上がり、井上哲次《いのうえてつじ》郎《ろう》や上杉慎吉《うえすぎしんきち》らを一応の師と仰ぎながら、大学の講義にはあまり熱心ではなく、独学者的に振る舞いだす。同年から、つまり大学の一年生のときより『日本及日本人』等に東洋思想研究、随想の類いを寄稿しはじめる。一九二一年には、第一高等学校の国文学の教授、沼《ぬ》波瓊音《なみけいおん》の紹介で、はじめ北一輝を、さらに大川周明を知り、ついに北や大川や満川亀太郎らの拠っていた右翼的思想団体、猶存社の同人となり、「始めて日本の民族運動、革新運動というものを体験」[10]するという決定的局面を迎える。そのとき、安岡はまだ大学生であるにもかかわらず、すでに雑誌等で名の通った、東洋的価値の再評価をはかる論客でもあった。そのころの北や大川は、もちろん日本の伝統的なるものに興味を抱いていたとはいえ、それについてあまり詳しいわけではなかった。だから、安岡の博識にすぐ参ってしまったようである。

一九二二年、安岡は大学を卒業し、文部省に奉職した。だが役所で上司に使われるのは自分に似合わないと一ヵ月で退き、直後、満川亀太郎の縁から、酒井《さかい》忠正《ただまさ》伯爵の知遇を得て、同年一〇月には彼の後援のもと、酒井邸の庭、金鶏園《きんけいえん》の中に東洋思想研究所を設立し、その長に収まった。同人になったのは、後藤文夫《ごとうふみお》と大塚惟晴《おおつかこれはる》という二人の内務官僚である。彼らは安岡の文章に魅かれ、彼らの方から安岡に接近してきたという。

その二ヵ月後の一二月には、東洋思想研究所の活動の一環として陽明学研究会が生まれ、その会員には、当時は外務省の少壮官僚だった広田《ひろた》弘毅《こうき》らが連なった。安岡という大学出たての一青年は、早くも国家の中枢で実務を仕切る人々に物を教える立場になったわけである。

そして、一九二三年、その政治思想の末長き中核となったといってよいだろう「錦旗革命論」を骨子とする『天子論及官吏論』を発表する。また同年、牧野《まきの》伸顕《のぶあき》の後援を受けるようになって、江戸城旧本丸に、小尾《おび》晴敏《はるとし》、大川周明らと社会教育研究所（後の大学寮）を設置しその運営に当たる。これは地方青年の「国士的教育機関」であり、講師陣には、西田税、島野《しまの》三郎《さぶろう》、中谷武世《なかたにたけよ》ら、猶存社系の人脈がそろっていた。

同じく一九二三年、安岡は永田秀次郎《ながたひでじろう》の勧誘により拓殖大学講師となり、そこに学生教化団体「魂の会」を結成し、翌一九二四年には、後に「革新官僚の聖典」と称される『日本精神の研究』を刊行する。同書に感激的な跋文《ばつぶん》を寄せたのは、大川周明だった。

このころが、安岡と大川のいちばんの蜜月時代だろう。大川の行くところ、つねに安岡もともにありという状態だった。北一輝と大川が袂を分かって、猶存社が分解し、大川がその後継団体のつもりで行地社を結成すると、安岡もそこに加盟する。

しかし、行地社の初期から、安岡は大川の弟分ではいられなくなってくる。

金鶏学院

一九二六年（大正一五年、昭和元年）三月、安岡は、東洋思想研究所以来の金鶏園での教化活動を、より本格的かつ大々的にすべく、拓殖大学や第七高等学校の卒業生等二十余名を一回生に迎え、また広く聴講の徒に門戸を開放すべく、金鶏学院を創設する。

その顧問には、後藤文夫、関屋貞三郎《せきやていざぶろう》、赤池濃《あかいけあつし》、吉田茂《よしだしげる》（戦後に首相を務めた同姓同名者とは別人の内務官僚）、松本学《まつもとがく》、岡部長景、町田辰次郎《まちだたつじろう》、香坂昌康《こうさかまさやす》、鶴見左右雄、有馬良橘《ありまりょうきつ》、荒木貞夫《あらきさだお》ら、錚々たる官僚や軍人などが並んだ。彼らは安岡の勉強会に参加して、すっかり心服していた人々である。

大学を出てまだ四年というのに、彼はもう日本のトップ・エリートたちの心の導師になっていた。

金鶏学院の設立趣旨には、こうある。

天下久しく本を棄てて末に従へり。是の故に法度備はれども生民憔悴し、智術盛なれども風教頽廃せり。夫れ君子は本を務む。本立つて道生ず。而て治国の本を務む。而て治国の本は教学に在り。教学の要は人格の切磋琢磨に存す。

これを私なりに意訳し、安岡の当時の他の著述における諸々を思い起こしつつ、踏み込んで解釈するならば、こうなる。

日本を含む近代の世界は、いちばん大切なものを忘れ、枝葉末節ばかりを追い求めている。それゆえに、社会の制度組織はどんどん複雑に完備してゆくかにみえる一方、人間は生きる感激を失い、無気力化し、虚脱し、ふぬけになり、機械の部品のごとくである。科学知識と理論的思考はきわめられてゆくが、何のために生きるかといった倫理的問題は省みられなくなり、人間精神は頽廃していっている。ここに君子が現れなくてはならない。君子とは、人間にとって、社会にとって、国家にとって、いちばん大切なものを明らかにし、教え諭す者のことである。君子がそれを指し示せば、そこから自ずと、現実世界をまるく幸福に治めるための根本や、政治・経済等の個別の問題への具体策もみえてくるのである。いちばん大切なものの確立を抜きにして、いきなり具体的に「ああせよ、こうしろ」と言ってみたところで無意味である。

すると、現実世界をまるく幸福に治めるための根本とは何であるか。教学である。教学とは、近代日本で広く用いられている教育と対照されるべき言葉である。教育は教え育てる。教えるのも育てるのも師である。つまり、この言葉には上からの目線しかない。上が下に、教師が生徒に一方的に死んだ知識を押しつける。そうした含意のある言葉である。対して、教学は、教え学ぶのである。上が教え、下が学ぶ。また、下に上が教えられるということもあるだろう。ともかく、そこには魂の生きた通い合い、言わば感激が前提とされている。そうした感激的交流の中でこそ、人格は初めて鍛えられ、人間性は高められる。教学による人格の切磋琢磨にすべての日本人が励めば、日本は理想国家となるであろう。

安岡の思想の根幹は、この結論部分にある。最も大事なのは、師と弟子が直接、出会って人格を磨き合うことであって、ほかは二の次なのである。北一輝や大川周明のように、いきなり社会制度の具体的変革・修正を考えるのは邪道である。まずは人間なのだ。精神を立派にすることだ。社会の上に立つ者が、ひいては社会を構成する者すべてが、教学に目覚めて人格を陶冶《とうや》し、君子の域へと達してゆけば、もしかして制度など何もいじらなくても、すべては平らかになり、うまくゆくかもしれない。そういう発想が、いつも安岡にはある。だから、口先だけで具体性は何もないと、罵倒されもしたのである。

安岡正篤と権藤成卿

といっても、安岡は金鶏学院内に「危険思想」も飼っていた。そこでの授業の中には、権藤成卿を講師とする「制度学」もあったのである。第一章で瞥見した通り、権藤は近代国家の生み出した複雑

権藤成卿（左端）と安岡ではなく大川（右端）が一緒に写っている写真（1931年10月26日）
（滝沢誠『近代日本右派社会思想研究』1980年　論創社）

な社会機構を否定し、原始村落の自治制度を現代に復さしめることを理想としていた。彼の「制度学」とは、人間社会に最低限必要と権藤の考える制度以外の制度をただちに棄却するようにと訴える学だった。

権藤の理想は、日本に素朴な農村や漁村以外のいかなる社会形態も認めないという極論にまで行き着く性質のものだった。そして、そこには原始共同体を守護する司祭としての天皇がいる。だから右翼なのである。

そんな権藤の、自著『自治民範』に基づく講義は一部に熱烈な信者を生み、そこから権藤イズムが血盟団事件や五・一五事件に影響を与えてゆくことになる。そのかぎりで金鶏学院は直接行動の温床としての性格も有していた。

安岡自身も、北一輝や大川周明とは距離を置くようになっても、権藤の「危険思想」には、なお惹かれていたふしがある。安岡は、一九三一年四月、「都市文明というものは危ない、民族を頽廃させる、どうしても日本は農本位でなければならない、そこで全国農村の優れた指導的人材を作ることが必要だということから」[11]、埼玉県比企《ひき》郡《ぐん》菅谷《すがたに》村《むら》に日本農士学校を開設する。その設立趣旨にはこうある。

国家の新生命を発揚した者は、必ず頽廃文化の中毒を受けず純潔な生活と確乎たる信念とを持つた質実剛健な田舎武士である。国家の明日、人間の永福を考える人々は、是非とも活眼を地方農村に放つて、ここに信仰あり、哲学あり、詩情あつて、而して鋤鍬を手にしつつ、毅然として中央を睥睨し、周章ず、騒がず、身を修め、家を斉へ、余力あらば先づその町村からして、小独立国家にしたてあげてゆかうという土豪や篤農や郷先生を造つてゆかねばならぬ。これ新自治（面白く云へば新封建）主義ともいふべき真の日本振興策である。

町村を小独立国家に仕立てるというあたりは、権藤の自治主義との関連を思わせる。

海軍青年将校の中でも過激派の最右翼で、権藤崇拝者のひとりであり、五・一五事件への道筋を作りながら、決起前に上海事変で戦死してしまった藤井斉《ふじいひとし》は、安岡の言説を喜んで、「安岡正篤は国家の基礎工事を受持ち、現代文化に汚されたる農村の青年を集めて晴耕雨読、哲学と経綸と詩とを与う可く東京附近に山林を買い入れたり。即ち、権藤先生の自治思想を以て国礎を固め、人物の続出、革命の長養をなさんとす」[12]と書簡に述べ、権藤に感化されての行動と断じている。

藤井斉
（荒原朴水　前掲書）

だが、「日本農士学校設立趣旨」をよく読むと、別に日本社会全部を原始村落に戻すと言っているのではない。地方に、何が起きても周章狼狽せず、農事暦的なゆったりとした時間感覚で、人格を陶冶してゆく人間を増やそうと述べているだけのようである。その意味で、「革命の長養をなさんとす」という藤井の言葉は正鵠を射ている。いつ起きるか起こすか分からない革命をいちおう視野に入れながら、ゆっくりやろうということなのである。もちろん、安岡本人は、五・一五事件にも血盟団事件にも連座することはなかった。

国維会

こうした一連の組織活動の実績と、過激な変革を叫ばない、その意味で体制側には安心とも思える思想傾向は、政官界に安岡の名声を一段と高からしめた。金鶏学院には、先の顧問連はもとより、建《たて》川美次《かわよしつぐ》、重藤千秋《しげふじちあき》らの軍人、神野信一《じんのしんいち》の如き国家主義的労働運動家、あるいは勝部真長《かつべみたけ》のような和辻《わつじ》哲郎《てつろう》門下の学者の卵等々、日本的なるもの、東洋的なるものを求めようとする広汎な人々を出入りさせ、支持層は膨らむ一方だった。

そのころの時代のトレンドは、弾圧されたマルクス主義に代わって日本主義に移行していたといってよい。とはいうものの、革命やテロやクーデターの臭いのするところには、出入りを憚られる。そのくらいに思っていた者たちが、みんな安岡のところに来るという雰囲気になっていたのである。

「かくて学院は今日迄数年間道業に精進し来つたが、安岡氏の学徳、学院の高風を慕つて四方の求道者漸次その門を敲く者多きを加へ」「ありとあらゆる人物の間に道交愈々広まり、道情益々濃やかとな」り、「かくして道縁自ら熟して」、「道の自らなる創造、その発展の姿」、「金鶏学院の道徳的精神の拡充を客観化せしもの」としての「維新運動」[13]団体として、国維《こくい》会《かい》が一九三二年一月に誕生する。

その設立趣旨には、こうある。

　我国近来の内憂外患は其の重大深刻なる殆ど有史以来未曾有と云ふべし。今にして断然在来因循の風を挑脱せずんば遂に収拾すべからざる禍乱に陥らん。不肖等此の情勢を座視するに忍びず、自ら憚らずして奮然身を挺し至公血誠の同志を連ね、敢て共産主義インターナショナリズムの横行を擅にせしめず排他的ショーヴィニズムの跋扈を漫にせしめず日本精神に依つて尚、政教の維新を図り、外善隣の誼を修め以て真個の国際昭和を実現せんことを期す。

危機が本格化しつつあった時代の渦中にあっても、相変わらず左右両極の矯激な改革案を退け、中庸の大道にしたがおうとする安岡の政治姿勢が如実にあらわれている。

この国維会は、近衛《このえ》文麿《ふみまろ》、湯沢《ゆざわ》三千男《みちお》、後藤文夫、松本学、広田弘毅、荒木貞夫、酒井忠正らを発起人理事として、平沼騏《ひらぬまき》一郎《いちろう》の国本社《こくほんしゃ》に比すべき緩やかな大組織、「上からの漸進的改良派」のあくまで精神的同志的結集を目指す大同団結団体として発足し、一九三四年の岡田《おかだ》啓介《けいすけ》内閣成立にあたっては、外相に広田、内相に後藤、蔵相に藤井《ふじい》真信《さだのぶ》と、主要ポストを会員が占めてジャーナリズムの注目を集めるところとなった。「我が国の政治は白面の青年学者安岡正篤氏に依って牛耳られている」といった調子の安岡黒幕説が新聞等を通じて喧伝され、原理日本社等による「危険思想家」安岡への攻撃も本格化した。

結果、同年一二月、世評の疑惑を氷解させるため、国維会は解散の止むなきに至る。安岡にとって、これはひとつの挫折であった。が、その人的交流は、陸軍の統制派の永田《ながた》鉄山《てつざん》らを加えた、いわゆる朝飯会《あさめしかい》などを媒体に維持されてゆく。

安岡正篤の戦時と戦後

さかのぼって一九三三年四月には、安岡は「農士学校を中核にして、全国の埋もれている老農・篤農を新しく発掘して、この人々に世の中のお役に立ってもらおうじゃないかというので」[14]篤農協会を設立し、この団体は、当時の斎藤実《さいとうまこと》内閣の農相だった後藤文夫の「農村と都市の止揚された世界」[15]を目指す農村自力更生運動と密接に連携して、地方での教化活動を展開する。

また同年八月、当時内務省警務局長の松本学が、右にせよ左にせよ革命を望む思想には、あくまでそれを正しく矯正しうる、より深い思想をもって対処すべきであるとの信念のもとに構想し[16]、自ら仕掛け人となって、思想文化工作団体、日本文化連盟（後の日本文化中央連盟）が結成されたが、安岡はこれにも深く関与した。

一九三七年二月には、林 銑十郎《はやしせんじゅうろう》内閣が、ついに文相に安岡を起用しようとする。黒幕が表に出かかったのである。しかし、実現には至らなかった。同年五月、安岡は、吉川英治《よしかわえいじ》らと親睦団体、心交協会を結成し、作家、芸術家、知識人の教化活動に励み、以後の戦時下も、教化を軸とする、それまでの行動様式を保ってゆく。一九四四年年頭には、中野《なかの》正剛《せいごう》と組んで東条英機内閣指弾の一文「山鹿流政治論」を発表し、彼としては珍しく事を荒立てる。そのあとの小磯国昭《こいそくにあき》内閣では首相顧問に就任し、一九四五年八月には、鈴木《すずき》貫太郎《かんたろう》内閣の書記官長、迫水久常《さこみずひさつね》の依頼で、「終戦の詔勅」の校閲者を務める。

そうして迎えた敗戦からの時代の激変にもかかわらず、安岡の影響力は、社会教育研究所以来の牧野伸顕と、その女婿の吉田茂《よしだしげる》（先に名の出た内務官僚の同姓同名者ではなく、戦後首相を務めた人の方である）の線の助力もあって存続し、一九四九年一〇月には、「『東洋思想研究所』以来の一貫した道」[17]を受け継ぐ団体として師友会《しゆうかい》（後の全国師友協会）が結成され、これが安岡の戦後の活動の足場となる。その発足時の陣容は、会長が安岡、副会長が町田辰次郎、顧問が中島久万吉《なかじまくまきち》、安倍源基《あべはるもと》、池《いけ》田清《だきよし》、江戸《えど》英雄《ひでお》、香坂昌康、後藤文夫、酒井忠正、その他である。安岡の古くからのなじみに加えて、財界人が目立ってくる。その主義主張は、「常に国民教化の振興に尽瘁し」、「野心・陰謀・権力・専制の権化である共産主義やファッシズムによる革命を断乎として防止し、仁愛・義俠・献身・協和の精神に基づく国民的維新の為に努力する」といった具合である。義俠などという言葉の入るところが任俠右翼団体のようでもあるけれど、とにかくその意味するところは左右両極の過激な改革思想を退けるということで、基本的には国維会などのときと変わらない。北一輝が二・二六事件に刑死し、大川周明が「東京裁

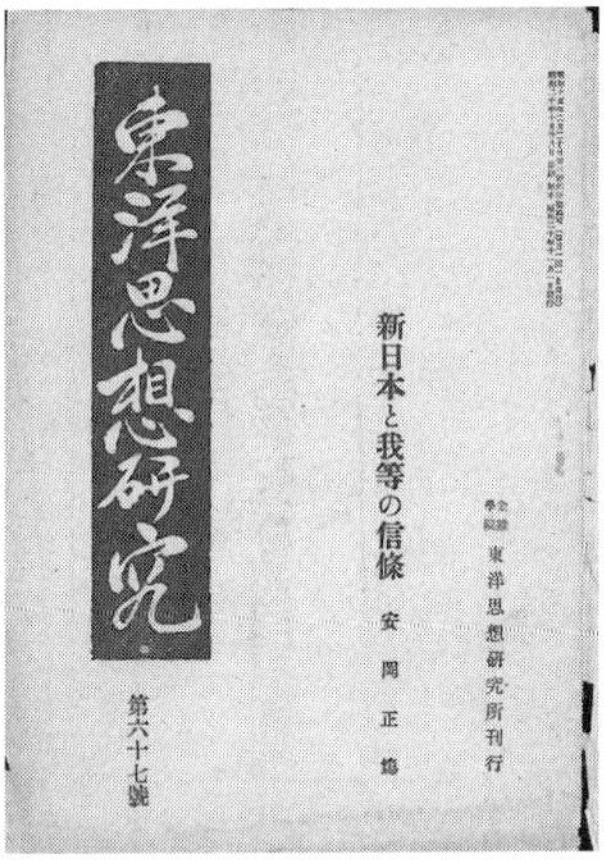

安岡主宰の雑誌『東洋思想研究』第67号（1945年11月1日発行）

判」に引きずり出されるような時代を乗り越え、安岡はやることなすことまるで同じまま、戦前戦後を一貫させたのである。

師友会は師友協会と名を改め、中央・地方の財界人を主力として発展する。組織は全国に伸長し、安岡は「巡幸」と称して諸支部を周遊し、経営者たる者の慌てず騒がず落ち着いて事に当たれといった心術を説くのを、例年の行事とした。また、安岡は、これとは別に、経済評論家の伊藤肇《いとうはじめ》など、何人かのオルグを使って無数の勉強会を組織し、政財官界の人々や文化人と、小人数の会合を頻繁に催した。「歴代首相の指南番」とまで呼ばれたように、ひそかに個別に、多くの大物政治家や財界人に、精神的な導きを与えてもいたようである。安岡は、大学卒業後から一九八三年の師走に逝くまで、ずっと同じことをやっていた。

ポスト「超国家―主義」としての安岡思想

以上で明白なように、安岡の思想運動とは、絶えず指導者層――それは時の首相から中小企業経営者、篤農家、学校教員に至るまで、人の上に立つ者全般と解される――と人間的に結合し、彼等を人格的に陶冶することで、倫理道徳の力があまねく下にまで拡がってゆき、それで理想国家の招来が可能になるという、楽観的で緩慢な方策から特徴づけられる。

人士の覚醒を信じて、いかなる直接行動や急激な国家改造計画にも与《くみ》しようとしないばかりか、かえって密告までして妨害し[18]、また北一輝の「聖典的改革案」を不純として離れ、ゆっくりじっくり事を荒立てずにという人生哲学を振りかざす。安岡は、そうした自らの仕方を、革命運動とか、維新運動とか呼ぶこともあったのだが、その実態は革命や維新という言葉が一般に予想させるものとは、だいぶんずれていると言わざるを得ない。安岡が、内在的右翼批判者たちの論の俎上《そじょう》にも上らない理由は、ますます明白なようにも思われる。安岡のやることはとてもぬるいのである。

そのぬるさを、たとえば近代史家、小田部雄次《おたべゆうじ》は、安岡においては「国体の擁護」を絶対とする「伝統的な国体観」という「イデオロギーの微温性」と、「急進ファシズム路線をとらず、急激な下からの革新運動を忌避した」「政治的行動の微温性」という、二つの微温性が一体化していると分析した[19]。表面的には、まさにその通りであろう。

しかし、その微温性はどこから来るのだろうか。彼をはぐくんだ大阪の風土からだろうか。それもあるだろう。が、まさかそれだけという単純なものでもあるまい。

そもそも私は、本書の八〇頁で、安岡が一九二二年に『天子論及官吏論』を執筆し、そこに彼の政治思想の末長き中核となる「錦旗革命論」が披瀝《ひれき》されていると書いている。この「錦旗革命論」とは、どんな革命論なのだろうか。それを書いてからしばらくして、安岡が、北一輝からも大川周明からも離れ、ぬるい路線に走ったように見えるということは、初期の革命論を引っ込めたということだろうか。いや、すぐ捨て去ってしまったものなら、「錦旗革命論」が安岡の政治思想の末長き中核などとは、とても言えない。

ここで結論を先取りしてしまえば、「錦旗革命論」はその論理においてなかなか過激な革命論なのである。そして安岡は「錦旗革命論」を最後まで裏切ってはいない。しかし、その革命論は、現実に対して厳格に適用されれば、日本人はただひとりの人間を除いては革命を起こせなくなるという話に帰結する。そのひとり以外は微温的に振る舞うしかないことに、理屈として落ち着くのだ。ただひとりとは誰かは、本章の最後に明らかになるはずだが、そこまで行かずとも、何しろ「錦旗革命論」というくらいだから、答えは、どんな推理小説よりも簡単に、すでにこの段階で、誰にでも察しがつくだろう。

とにかく「錦旗革命論」は、「どうせうまく変えられないならば、自分で変えようとは思わないようにする」という本章のタイトルの思想世界を開示してゆく構造を、有している。その安岡の革命論は、第一章でふれたさまざまな超国家主義的右翼革命のイメージと、時代的には並行して登場した。けれども、そうでありながら、思想の内容としては、橋川文三言うところの超国家主義の、国家を超えようとする運動が素直には成就しえないことが見えてきた、そのあとを受けるのに、相応しいものであったと言うこともできる。

となれば、安岡の思想そのものに、もっと分け入って行かなくてはならないだろう。そこで入口になるのは、とりあえず原理日本社による安岡正篤批判である。

3　真我と至尊

原理日本社の「批判理論」

原理日本社という右翼思想団体があった。一九二五年（大正一四年）から雑誌『原理日本』を刊行していた。

　その中心人物は、三井甲之と蓑田胸喜の二人と言ってよいだろう[20]。三井は、第一高等学校を経て東京帝国大学文科大学を出た歌人で、伊藤左千夫《いとうさちお》より嘱望され、正岡子規《まさおかしき》から左千夫に受け継がれた「根岸短歌会」の流れの後継人物と目されながら、その文学上の日本主義が現実政治へと異常増殖をきたし、ついに狭義の文学から逸脱した人である。蓑田は、第五高等学校を経て、東京帝国大学の法学部と文学部に学び、東大では左翼学生の集う新人会に対抗する右翼学生組織、興国同志会で活動し、そのころから、すでに歌人かつ評論家として知られていた三井に私淑して、卒業後は慶應義塾大学予科や国士舘専門学校の教授となった人である。

　彼らの率いた原理日本の運動は、北一輝や権藤成卿のように具体的な理想像に基づいて日本を変革しようとするわけでも、安岡正篤のようにとりあえず教学によって人作りに励もうとするわけでもなかった。

　三井の思想の根幹には、「中今」という言葉を取り上げながら、すでに第一章で触れている。要は、天皇の存在する日本は何もせずともそのままでよい国のはずで、どこが悪いからいじろうとか、体制を変革しようとか、余計なことを考える必要はないということである。ありのままで素晴らしいはずの日本が、もしも今この瞬間、実際に

蓑田胸喜（国士舘専門学校教授時代）
（竹内洋・佐藤卓己編『日本主義的教養の時代』2006年　柏書房）

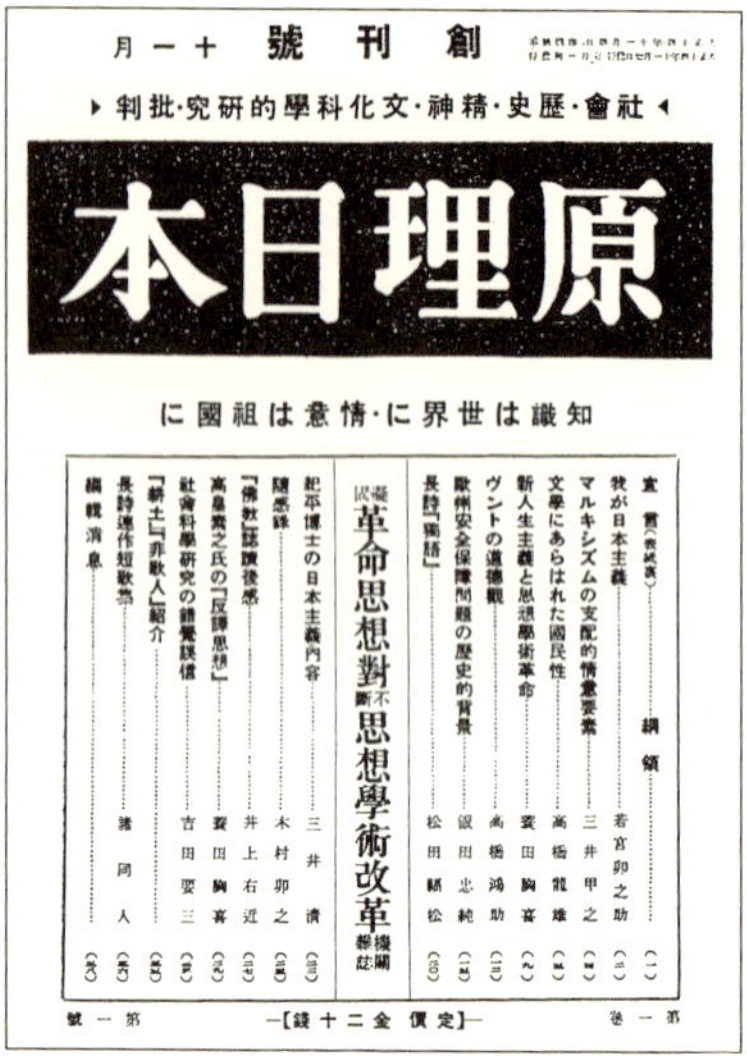

『原理日本』創刊号
(『日本主義的教養の時代』)

は素晴らしくないとすれば、どこかで余計なことを考えている人間がいて紊乱《びんらん》しているからに他ならない。だから、余計な思想をまき散らしている者を糾弾して黙らせる。そうして国を浄めれば、日本はあるがままで素晴らしい国になるはずなのである。

したがって原理日本社の運動とは、日本から余計な思想を排除する運動になる。ここでの余計な思想とは、具体的には、生きた日本の現実のありのままを感じさせないようにする思想である。生きて流動してとらえがたいものを、理屈や概念を持ちだして、さもとらえたように錯覚する思想である。そうした思想の作用が生きた世界を殺し、日本をありのままでなくし、悪くするのである。

原理日本社の立場からすると、その種の思想でも最悪のものがマルクス主義である。生きた複雑な世界を、ブルジョワジーとプロレタリアートとか、もっともらしい概念を弄《もてあそ》んで、異様なまでに単純化してしまう。そういう思想の害毒が、ありのままを感じる力を曇らせ、社会を澱《よど》ませ、日本を殺すというわけである。

もちろん、生きた現実を、理屈や概念で整理するのはマルクス主義だけではない。法学も政治学も経済学も、およそ社会科学と称するものは、左翼がかっていようがいまいが、たいていは理屈や概念による整理によって、生きた現実を割り切ろうとするものである。となれば、原理日本社からすれば停止し死んだ観念を生きた現実に適用しようとしているようにみえる、すべての学問思想を、攻撃しなくてはならなくなる。

だから、彼らはとても忙しかった。雑誌『原理日本』が、一九二五年の創刊から一九四四年の終刊までに糾弾した対象のリストは、膨大である。滝川幸辰《たきがわゆきとき》、美濃部達吉《みのべたつきち》、河合栄治郎《かわいえいじろう》、矢内原忠雄《やないはらただお》、津田左右吉《つだそうきち》、末広厳太郎《すえひろいずたろう》、田中耕太郎《たなかこうたろう》、河上肇《かわかみはじめ》、和辻哲郎、浜口雄幸等々、名を挙げだすとキリがない。政治家も学者も思想家も、左翼も自由主義者も穏健保守も、概念を弄んで、生きた日本の現実を死物と化そうとしているとみられれば、誰でも攻撃された。

そこには、右翼と呼ばれた者も入ってくる。原理日本社にとっては、生をとらえそこねた理屈を言う者があれば、右翼だろうと左翼だろうと、関係はなかった。その大規模な批判キャンペーンの標的とされた右翼には、北一輝や大川周明や権藤成卿がいる。そして安岡正篤も。

原理日本社の安岡正篤批判

原理日本社は、一九三三年には、美濃部達吉の天皇機関説や、血盟団事件や五・一五事件に影響を与えた「国家改造思想」として当時世間の注目を集めていた権藤の自治思想を、懸命に糾弾していた。だが翌年、岡田啓介内閣を陰で操る団体として安岡正篤の国維会がクローズ・アップされると、さっそくそちらへと攻撃の矛先を転じた。

では原理日本社は、安岡にかぎらず、いったいどんな具合に諸々の思想に対する糾弾の論陣を張ったのだろうか。その思想排撃の先頭に立ち、並外れた健筆ぶりを発揮し続けたのは、一には蓑田胸喜である。彼の著述は、「神がかり的な滅茶苦茶な論理によって」「揚げ足取り、牽強付会、歪曲、論理にもならない論理を振りかざして、最後には畏れ多くもとばかり、明治天皇の『御製歌』を引いて強引に相手を屈伏させようとする」「戦時中の一時期の悪夢としかいいようのないもの」[21]などと評されてきた。三井や松田《まつだ》福松《ふくまつ》など他の原理日本社の同人による文章も、基本的には蓑田同様、まともな批判というよりはどこか狂的な中傷の域にとどまって、今となってはあらためて内容を吟味するには値しないというのが、戦後の一般的評価であった。

そうした見解は、確かに原理日本社の一面を衝いている。が、果たしてそれだけだろうか。三井も蓑田もそんじょそこらのごろつきではない。ともに帝大出のインテリであり、蓑田は慶大や国士舘の教授である。別に学校の肩書きが付けばいいというものではないけれど、彼らには彼らなりの批判の論理が一応あったのであり、その思想排撃の論説の中には、今日もなお読み込むに値するものがあると、私は考えている。何しろ原理日本社の思想家たちは、現実の生々しさを素直に感じることを妨げる観念のバイアスや、生きていてつかみがたい世界を死んだ概念に塡め込んで単純化しようとする企図を発見する名人なのである。攻撃のレトリックははなはだ礼を欠いているし、ピント外れもあるけれど、ありのままをよしとする世界観から外れた思想を俎上に載せ、どこがどう外れているのかを究明しようとする際の彼らの手つきには真剣味がある。

そうした見地から、雑誌『原理日本』に掲載された安岡正篤批判を通観してみれば、そこには、なるほど、つまらない揚げ足取りも散見される。たとえば、鎌倉武士の質朴を尊ぶ安岡の言説[22]をつかまえて、「明治維新より『鎌倉文明』に注目すべしといひ、『君臣の大義』『順逆の理』に就いては何もいはうとせぬのは日本人として思想的無原理無信念」[23]と、決めつけたりする箇所である。武家政治期は天皇をないがしろにしていたのだから、その時代の武家を褒めるのは逆徒の思想というわけだ。過激皇国史観である。

しかし、松田福松の「見よ、安岡氏は『予は孔子に従つて礼楽を讃する者であるが、しかも敬んで老荘家の諸説を傾聴しようと思ふ』といふ学的無節操、そこにただ智識の百貨店を陳列して己れを飾らうとする似而非学問、ヴントの所謂『寄せ集めの過悪』が生ずる」[24]という批評など、古今東西の言から融通無碍にネタを集める安岡の、節操なき無限抱擁性を揶揄して的確というほかはない。また、蓑田胸喜は、国維会の趣意書や綱領をとらえ、「漢文崩しの無生命の羅列であつて、一語真情の流露と認むべきものがない」[25]と言うが、これなどは戦後の竹内好や松本健一にも受け継がれる「口舌の徒」批判の典型に他ならない。そんな物言いをどうして「戦時中の一時期の悪夢としかいいようのないもの」と、まとめて片づけてしまうことができようか。

天皇観の相剋

原理日本社による一連の安岡批判の中で特に注目すべきなのは、「尊厳冒瀆」の告発として展開された、安岡天皇論排撃のくだりだろう。彼らは、安岡の天皇観の核心を示すものとして、次の一節を取り上げる。

苟も人間が禽獣と等しい動物でなく、敬に居り恥を知る万物の霊長である限り、何物にも易へ難い至尊を何人も持たねばならぬ。その至尊とは、黄金でも無い。名位でも無い。生命でも無い。畢竟真我である。神である。同時に我々の国家にも亦是の如き至尊が無ければならぬ。或は之を国旗に表敬し、或は之を法律に懸け、或は之を無象に観る。我々は之を天皇に拝する。我々に天皇在すことは我々の胸奥に神在すに等しい（安岡正篤『日本の国体』）[26]。

この文章は、原理日本社の恰好の餌食となる。彼らの論理では、先に天皇がいて、あとに国民個々人がいる。日本人は生まれたときから日本人であり、民族の団体生活の一員である。その団体を統べているのは天皇であり、天皇がずっと昔からいつも先にいてこの国を守っているから、日本人はありのままの日本の現実を喜んで受け入れることができる。日本人は天皇のもとでこそ日本人であり、天皇と切れては日本人ではない。それが原理日本社的思考である。

ところが、安岡の天皇論では、個人の精神生活、内面生活が振りだしになっている。個人の内面が先にありき、なのである。個人はその胸の奥に「真我」を、「神」を、あるいは究極の道徳律のようなものを持つ。それでこそ真に人間らしくなれる。しかし人間は、ひとりで引きこもって、精神生活や内面生活ばかり営んでいるわけにはいかない。いったん表に出れば、社会や国家がある。そのとき、「真我」や「神」の延長線上、日本人は天皇を発見するというのである。

「臣道没却凶逆思想家」安岡正篤

天皇が大事な点では、安岡と原理日本社は一致している。だからこそどちらとも右翼である。しかし、天皇を意義づける思考の順序は完全に逆転している。

そもそも、ありのままの現実しか信仰しない原理日本社の思想世界には、一般人間個人などというものは存在しない。ありのままの現実には、抽象的人間なんてどこにもいない。ただ、日本人とか中国人とかアングロサクソンとかがいるのである。そして、日本人は最初から天皇のいる日本に生まれてくる。それなのに、なぜ、安岡は、内面を先行させ、「真我」だの「神」だのを持ちださないと、天皇にたどり着けないのか。本末転倒なのである。原理日本社にとってはそれだけでもう十分に、安岡の思考法は「臣道没却凶逆思想」として糾弾の対象になる。

三井甲之は、安岡の天皇論を難じて言う。

安岡氏は「我々に天皇在すことは我々の胸奥に神在すに等しい」といふ。此の「我々に天皇在す」といふ奇怪の言ひ現しは「日本国民は万世一系の皇統を有して居る」といふと同じであって、筆にするも恐多いことであるが此の「有する」といふ主体は国民で、客体は皇統である。われらは天日の如く、皇統、天皇を仰ぎ戴きまつるのである。それをわれらの「胸奥に」われらが「有す」とは何といふ凶逆思想不敬言語であろう。安岡氏の此の如き凶逆思想は氏の自己中心、自己神化、自己礼拝思想に発現するものである。比の自己神化思想は人間のウヌボレ根性に迎合するが故に相当に流行するのである。

安岡氏はいふ、「国家を真に味識する為には如何にしても一応国家の要素とか定義とかいふ知識以前に還らねばならぬ。君とか臣とか、政府とか民衆とか、権力服従関係とか、搾取組織とかの対立未分の始に復らねばならぬ――端的直下の自己のことである」と。此の「自己」中心思想が安岡氏をして「忠義」を説かずして「革命」を説かしめるのである。「我々に天皇在す」とか「日本国民は万世一系の皇統を有す」とかいふ臣道没却凶逆思想となるのである。「自己」を「神」とし、「自己」の「胸奥に」「至尊」を求めようとするのである（三井甲之「国維会指導精神の国体反逆性を指摘す――安岡正篤氏の思想素養分析」）27。

このように三井は、安岡の発想法に全的不信を表明している。そこに、あくまで一臣民に過ぎない個人の内面から天皇論を初発させるという、自我の「ウヌボレ」を発見して拒絶反応を示している。原理日本社にとっては、日本の主体は天皇しかありえず、国民はそのもとに生かされ、日々の現実を受け入れる客体に過ぎない。ところが、安岡においては「主体は国民で、客体は皇統」になっていると、三井は指摘する。

「至尊」と天皇

さらに三井は、安岡が「真我」などとほぼ同じ意味で「至尊」という言葉をよく用いていることに着目して、こう指摘する。

安岡氏のいふ「至尊」とはわれらの慣用する如く「上御一人」と同義語としてではない。これが抑も不埒千万である。至尊、「至りて尊き事、即ち天子の称」（言海）「天子の称に用ふる語」（国語大辞典）といふのが正しき解釈であり正しき慣用である。「至つて尊きこと」の意にのみ用ゐるは安岡氏自身が「ラッキャウの皮を剝ぐ猿の愚」と罵つた理知主義に他ならぬ。安岡氏によれば「至尊」とは「真我」である。それ故に安岡氏にとつては此の「至尊」は「国旗」「法律」「無象」であるか、又は「天皇」である（三井甲之「国維会指導精神の国体反逆性を指摘す――安岡正篤氏の思想素養分析」）[28]。

確かに三井が辞書を持ち出して言うように、「至尊」は天皇の同義語、もしくは天皇とセットにして用いるのが、近代日本語の一般的用法であると思われる。戦後、幣原喜重郎《しではらきじゅうろう》内閣の憲法担当相、松《まつ》本烝治《もとじょうじ》が示した大日本帝国憲法改正案、いわゆる「松本試案」の第三条も「天皇ハ至尊ニシテ侵スヘカラス」であった。このように、天皇とくれば至尊、至尊とくれば天皇なのである。ところが安岡は、自我の内面的道徳律、内なる最高道徳を指すのにこの言葉を使ってしまう。原理日本社ならずとも、素朴かつ熱狂的な天皇崇拝者ならば、これを不敬思想と呼ぶであろう。

蓑田胸喜も、安岡が「真我」とか、その同義語、類語をやたらに使い、個人の内面の道徳律を先行させて、いつもそこから敷衍して社会や国家を語ろうとする思考法に反応する。蓑田は言う。「『真の自己』または『真己』（かういふ発音の悪い不慣用の術語からしていけない）とかいつても『自己』

『我』といふものと性、天理、良知、至善とかいふ如きものとを同一視するのが、安岡氏の『形而上学思考』の浅薄なる然し重大なる根本的誤謬」[29]であると。蓑田は、「善悪、美醜、真偽の批判基準は、断じて『自己』そのものではな」く、天皇に帰一する「自己との関係に於ける自然人生また広き大宇宙としての『経験的客観世界』」[30]にあるとする。そんな蓑田にとって、「人間生活の道は我れみづから内に深潜することによつて、我れみづからを万物一体までに拡充すること」を理想とし、「真の世界は我の内展、心の拡充でなければならぬ」[31]と言う安岡の思想態度は、「我＝至善＝神の『自己神化教へカストタイスムス』」、「エゴイスムス」、「狐つき」、「民主共産主義国体変革思想と同断処置せらるべきもの」[32]として、徹底否定されなくてはならない。

以上のような、原理日本社による「自己神化」思想家としての安岡批判は、「口舌の徒」とか革命プランがないといった種類のいかにも表面的な批判よりも、安岡の思想そのものに触れていると考えられる。そこには、いつも個我の優位性を宣揚し、あくまでその外延において社会や国家や天皇の問題を把持しようとする安岡の基本的思考様式が指摘されているのである。このポイントを、戦後に三井や蓑田同様に問題視したのは、思想史家の荒川幾男《あらかわいくお》くらいであったかもしれない。彼は、安岡の思想とは「国家観と個人の心術の人格の自由に於ける統一的把握」の上に成り立っているとした[33]。それは結局、三井や蓑田の安岡論の要諦と同一である。

安岡正篤と大正教養主義

すると、次の問題は、同時代的にすでに原理日本社が剔出していた安岡の、「自己神化」思想と

「天皇神化」思想とを分かちがたくまぜこぜにしたものの考えかたがどこから来たかである。そこで考慮されるべきなのが、大正教養主義である。安岡の執着する、精神的、内面的な生活や、大和とか平成といった言葉の似合う調和的世界像、松田福松の指摘した古今東西の書を無節操に往還しそれらが自己の内部で融和されて当然とするオプティミスティックな教養観、さらに「近代の文明と人間生活とに対して深い疑惑を懐きはじめ」「狂はむとする私の心を」「フィヒテ、オイッケン、西田博士等の哲学が」「辛うじて」「引きとめてくれた」[34]と自ら回想する、安岡の大正期の第一高等学校での学生生活といったものはすべて、大正教養主義と関連してくるだろう。

だいたい、初期安岡の文章を読めば、「渾一たる純粋体験が分化して主客の対立となり思惟や意志が発展する」とか、「分化を通じて統一を徹見し」とか、「人為を去って自然の生命を感得し」とかいった、まるで西田幾多郎の『善の研究』もどきの「大正教養青年」的くだりを、いくらでも見つけだすことができる。安岡は、右翼思想家であり日本ファシズムの理論家である以前に、あるいはもしかして、である以前にではなく、であると同時に、大正教養主義者なのである。荒川幾男も、安岡の文章には「総じて大正教養主義の『人格生活』への宗教的といってもいいほどの憧れと希求を連想することが出来る」[35]と述べている。

大正教養主義は、一般に阿部次郎や小宮豊隆《こみやとよたか》や安倍《あべ》能成《よししげ》や和辻哲郎に代表される。彼らの、少なくとも大正期の考え方は、いわゆる右翼とはあまり関係がないと、普通は思われている。だが、思想史の実際は思わぬこんがらがりかたをしているものである。

右翼と大正教養主義という、一般的には交叉していないと思われがちな二本の線路は、じつは安岡正篤を転轍機にして、相互乗り入れが可能になっていたように思われるのである。

4　日露戦後の真空

阿部次郎から安岡正篤へ

大正デモクラシーや大正教養主義という言葉に象徴される、世界市民主義的に開かれた潮流と、右翼やファシズムや超国家主義といった言葉につながってゆく、大正期における近代的なものへの懐疑と日本や東洋への回帰の潮流とは、通常は相反する思想の流れとして理解されている。

明治的な強権的で乱暴で脇目もふらない進歩と統合の過程への反作用として、大正デモクラシーや大正教養主義が、きわめてばらけた、暢気な自由の理想を謳い上げた。それに対して、ばらけることによって国が壊れるという危機感を抱いた人々があった。当初両者は並立し、拮抗し、対立していたが、やがて前者が沈没し、後者が増殖することによって戦争の時代に雪崩れ込んだ。そういう理解である。

確かに、かなりそういう面はあるだろう。だが、それだけで全部でもないだろう。少なくとも大正教養主義には、その後の右翼思想と結びついた面がある。教養主義のチャンピオンである阿部次郎から安岡正篤へという流れである。別に阿部と安岡が友人や師弟ということではない。阿部も安岡も一高から東大という学歴は同じだが、阿部は一八八三年（明治一六年）生まれだから、安岡よりも一五歳も年上で、両者には特に直接的な関係はないと思われる。阿部が一高で同期だったのは、安岡の思想的敵対者で、阿部にも批判的だった、原理日本社の三井甲之のほうだ。また、阿部は北一輝と同い年になる。

しかし、阿部と安岡では思想が似ている。阿部を右翼的に敷衍すると安岡になり、「錦旗革命論」が出てくる。そうも理解できるのだ。

その関係を見通すためには、まず大正教養主義の歴史的位置づけと思想的内容を明らかにしなくてはならない。そこで重要な視角を提供してくれるのは、京都帝国大学文学部に学び、田辺元《たなべはじめ》を師と仰いだ批評家、唐木順三《からきじゅんぞう》の『現代史への試み』だろう。

森鷗外の危機意識

唐木は、戦後初期の一九四九年という、世間が近代の自由の喜びを改めて噛みしめている時代に、ほとんど時代錯誤的に近代への絶望を説く『現代史への試み』を発表した。そこで彼は、大正期以後の日本を「型」の喪失の時代として描き、そのあとの歴史とは「型」の回復のための苦悩と挫折の悲哀に満ちた積み重ねに他ならないとした。

はて、「型」とは何であり、「型」の喪失とはどういう事態を指すのだろうか。唐木は森鷗外《もりおうがい》の一文からそれを解き

阿部次郎（1920年）
（『阿部次郎全集』第6巻　1961年　角川書店）

唐木順三
（『唐木順三全集　第１巻』1967年
筑摩書房）

明かす。鷗外は一九一八年（大正七年）の元日から、東京日日新聞に『礼儀小言』というエッセイを短期連載した。それは表向きはあくまで「冠婚葬祭等の儀礼に就いて所見を述べ」た文章である。しかし、その実質は、唐木にしたがえば、大正期の日本人の暮らしと思想のあまりの大変動に恐怖を感じた明治人鷗外の、大正的なるものに対する深刻な憂いの表明なのである。そこで鷗外は、次のように書く。

　今の人類の官能は意義と形式とを別々に引き離して視ようとする。そして形式の中に幾多の厭悪すべき疵瑕を発見する。荘重の変じて滑稽となるは此時である。是は批評精神の醒覚に本づいている。そして批評精神の醒覚は現代思潮の特徴である。批評精神が既に形式の疵瑕を発見する。荘重なる儀式は忽ち見功者の目に映ずる緞帳芝居となる。是に於て此疵瑕を排除せむと欲する欲望が生ずる。この欲望は動もすれば形式を破壊するにあらでは已まぬものである。（中略）わたくしはこれに反して今人に内省を求めたい。今はあらゆる形式の将に破棄せられむとする時代である。わたくしは人の此形式を保存せむと欲して弥縫の策に齷齪たるを見て、心に慊ざるものがある。人は何故に昔形式に寓してあった意義を保存せむことを謀らぬのであらうか。何故にその弥縫に労する力を移して、古き意義を盛るに堪へたる新なる形式を求むる上に用ゐぬのであらうか（森鷗外「礼儀小言」）[36]。

このように鷗外は、新時代の「批評精神」の擡頭が古き「形式」を時代遅れとみなして片っ端から破壊してしまったからには、そこに保持されていた内容をきちんと盛り込んだ新しい「形式」がすみやかに創出されないと好ましからざる事態を招来すると、危惧している。壊れた古いものを復元しても新時代にはもはや通用しない。かといって、「形式」なくして人は真っ当に生きていられるだろうか。「生来規範を好む人」であったと唐木に評される明治人鷗外は、人を世に生かしめる生活の型、意識の型の全的喪失状態を、心底から恐怖している。

「型」の喪失の時代としての大正

ここから唐木は、大正とは「型」の喪失の時代なのだという確信を得る。「型」を唐木は、「国民の生活体系と、思惟体系とまで行かないにしても情緒或は常識、体系を規定してゐるもの」[37]と、やや漠然と定義する。それはつまりは、歩き方でも手の洗いかたでも何でもいい、あらゆる生活形式や日常道徳を含めたものなのだろう。中村雄二郎《なかむらゆうじろう》の表現を用いれば、「型」とは「個を支える基盤」[38]ということになる。それがいったん大正で滅裂したからには、以後の歴史はその再興の試みにならざるを得ないし、また人間が人間として生きる以上はそうした側面が必ずうかがえるはずだと、唐木は言うのである。

彼は、大正の亡くした「型」を、たとえば「武士の形式、具体的には儒教道徳、儒教の礼」であり、「儒教的生活体系、儒教の型、即ち修身斉家治国平天下の一貫したイデオロギイとその躾け、十有五にして学に志し、三十にして立ち、四十にして惑はず、そして七十にして心の欲するところに従つて矩をこえずの君子道、仁義忠孝から、男女七歳にして席を同じうせずの日常観念にいたるまでの型らしい型」と言う。すると、これを滅ぼした主動力は何であったか。

唐木はその力を「日露戦争後のブルジョワジイ」の擡頭にもとめ、その結果生じた空洞に蔓延したのが「それ自体としては、一定の形式、普遍的な生活体系をもたない」「広い意味のヒューマニズム」[39]であり、それこそ鷗外の嘆じた「時代思潮としての批評精神」の性向、「型」の潰《つい》えた大正を演出した雰囲気であったとする。

「広い意味のヒューマニズム」の、この時代における代表的発現として唐木が挙げるのは、白樺派、「宗教的な形」、知識階級の社会運動への参加、そしてそれらの心持ちを集約的に顕現しているとされる「教養派」である。「教養派」は、「型にはまつたこと」を軽蔑し、「人類の遺した豊富な文化の花の実を自由に、好むままに集める蜜蜂のやうな」[40]型無しの生活を至上とする。しかし、「国家民族の多事なる折も折」、人は型無しのまま遊んでいるわけにも行かず、以後、マルクス主義やファシズムが新しい実践的な「型」を現実に披露したとはいえ、それは失われた明治までの「型」ほどには有効ではなく、現代の日本には、「何か突拍子もない頭のはたらき」[41]がはびこる最悪の型無し状況が生起しているのだと、唐木は観察する。

こうした唐木の教養主義理解をふまえつつ、以下では、阿部次郎的なるものから安岡正篤的なるものへ、教養主義から右翼へと行き着く、大正思想の脈路を通観してゆこう。まず、鷗外が「形式の破壊」と呼び、唐木が「型の崩壊」と称した事態が見きわめられなくてはならない。

「戊申詔書」の時代

唐木は、その崩壊の始まりを日露戦後に求めたが、それは明治天皇の詔《みことのり》によっても裏書きされる。日露戦争が終わって三年後の一九〇八年（明治四一年）、「わが国民は徒らに戦勝に酔って、投機に熱し、競馬は随時随所に流行し、人々は虚栄に誇り、風俗は浮華に流れ、社会は驕奢に耽り、大学は淫猥に堕し、道徳もまた弛緩し、浮薄軽佻の風が滔々として一世を風靡するというありさま」[42]に対して、「戊申《ぼしん》詔書」が発せられ、「臣民ノ協賛ニ倚藉シテ維新ノ皇猷ヲ恢弘シ、祖宗ノ威徳ヲ発揚セルコトヲ庶幾フ」と述べられたのである。はなはだ砕いて言うならば、国民が不真面目になってきているように感じられるので立て直すように努力せよと、天皇から命令がでたということである。鷗外や唐木が特にその時代に対して神経過敏になっているわけではなかったのだ。詔書が出るほど、リアル・タイムに一般的な大ごとであったのである。

そんな日露戦後の精神状況を、生田長江《いくたちようこう》は『明治文学概説』で、次のようにまとめている。

（一）日本の国際的地位がともかくも安国なるものになつて半世紀に亘る憂国的緊張も幾分の緩みと疲労を来した為め、（二）国際的興隆が必ずしも直に国民個々の福利を意味しないことを、余りにもむごたらしく体験した為め、及び（三）産業界の近代的展開にもとづく自由競争と生活不安とから、思ひ切つた利己主義へ駆り立てられた為め、明治四十年頃からの日本人は一体に、それまでの国家至上主義的思想に対して反動的な思想を抱き、甚だしく個人主義的自我主義的な考へ方感じ方をするやうになつた[43]。

日露戦争のトラウマが、近代化へとひたすら緊張して邁進してきた国民精神をバラバラにし、溶解させた。工業化と都市化の進展が民衆をどんどん郷村から引き離し、根無し草とした。これと時を同じくして、富裕層からは高等遊民が出現し、近代教育の成果が全般化して多様な文化が要求される段階にも及んで、「明治初年以来の、国家的生存に差し当り必要な物質的文明及び法律制度以外に、文学、哲学、宗教等の精神的文明がぼつぼつ移植せられ」[44]ることが可能になってきた。まさに日本人の文化的、精神的基底が根本から揺動しはじめた時代が日露戦後であったと言えるだろう。

高等遊民の時代

政治や社会に対する意識のみならず、生活形式、伝統倫理まで含めて、明治から連続してきたもろもろが衰弱し、あるいは消滅してしまい、そのあとには、国家や共同体や戦争の緊張から解き放たれて、のびのびとした個人だけがはびこる。そういう状況が生じたのが日露戦後であり、突出した個人の意識は、余裕最たる階層である、経済的にはブルジョワジー、精神的には知識人及びその予備集団によって、最も自覚的に表現されることになる。そのインテリのありさまをみれば、「従来の実際社会及び学界に於ける成功者流の如く何等疑問を抱かないで只管手近な獲物を追求する態度に対」する「不満」、「点数の虫から超然たること自体が何か非常に価値あるやうに考へられ」[45]る、現実剝落とでも呼ぶべき風潮に満たされるといった調子である。それがいわゆる高等遊民の時代ということになる。この明治的立身出世への急激な反発現象を、その時代の若き体験者、一八九七年（明治三〇年）生まれの三木清《みききよし》は、こう回想している。

今私が直接に経験してきた限り当時の日本の精神界を回顧してみると、先づ冒険的で積極的な時代があり、その時には学生の政治的関心も一般に強く、雄弁術などの流行を見た――この時代を私は中学の時にいくらか経験した――が、次にその反動として内省的で懐疑的な時期が現はれ、そしてさうした空気の中から「教養」といふ観念が我が国のインテリゲンチャの間に現はれたのである。従つてこの教養の観念はその由来からいつて文学的乃至哲学的であつて、政治的教養といふものを含むことなく、むしろ意識的に政治的なものを外面的なものとして除外し排斥してゐたといふことができるであらう（三木清『読書遍歴』46）。

三木清（1944年）
（『三木清全集』第1巻　1966年　岩波書店）

こうして、日露戦後の「外面」の消失と入れ違いに立ち現れてきたのは、個人主義的な、また内面遊戯的な感覚を多分に含む教養と呼ばれるものだった。この時代の教養は大方にとって一種の遊びだったのである。三木より七つ年長になる田中耕太郎《たなかこうたろう》は、この時節の教養の性格を、「（真の）教養としての意義を持った芸術は其れ自身の為めに求められず」、「哲学も具体的な人生的課題又は科学的疑問の解決の為めに要求せられたのではなかった」[47]と断じている。そういう教養のはびこる状況は、第一次世界大戦をヤマ場により徹底する。「成金」が大量出現し、社会階層は一段と流動化して、伝統的な生活形式とそれにともなう倫理はますます根こぎにされ、破壊、刷新されてゆき、ここに『礼儀小言』のような憂慮的観察が出てきもする。だが、その発言のきっかけがあくまで葬祭儀礼の衰退という生活の具体的な場の問題であったことには、あらためて注意すべきである。そういう旧弊な一切合切を打ち毀し、教養は増殖を繰り返し、知識階層は質量ともに拡充されて、新時代はますます過熱するのである。このあたりの様子を、再び田中耕太郎の言から引こう。

世間はどしどし教養を追ひ求めて行つた。僅かの年月の間に於ける外国語の驚くべき普及、読書力の増進に加へて、世界大戦の結果たる外国貨幣の下落が誘致した外国図書殊に独仏書の洪水及び外国留学生、旅行者の激増は、到底消化し切れない分量の、各国、各時代の文化的所産を我が国に移入した。大戦前までは個々の文学者、哲学者が我等の面前を一人づつ通り過ぎた。所が大戦以来は総てが同時にやつて来た。人々は一一の思想及び傾向を吟味し、其れが自己に適合するや否や、其の社会生活上の影響如何と云ふやうなことを反省する余裕がなくなつて来た。「最初のもの或ひは最後のものが最良のもの」か、又は「どれでもが良きもの」の何れかに帰著した(田中耕太郎「『教養』と『文化』の時代」)[48]。

新たな教養の素材が、それに向き合う「型」を喪失し、弛緩した時空をうろうろしている人々に大量に過剰に投げつけられるとき、そこに生ずるのは、何の中心も規範も秩序もない、「どれでもが良き」教養のカオスである。そのカオスこそが、すなわち大正教養主義の世界なのである。

5　大正教養主義

『三太郎の日記』の世界

「教養の観念は主として漱石門下の人々でケーベル博士の影響を受けた人々によつて形成されていつた。阿部次郎氏の『三太郎の日記』はその代表的先駆で、私も寄宿舎の消燈後蠟燭の光で読み耽つたことがある」[49]という、三木清の言を借りるまでもなく、この種の時代感性を最も象徴した人物が阿部次郎であったとは、日本近代思想史の常識だろう。大宅《おおや》壮一《そういち》が「実にかくも丹念にくどくどと下らぬ生活を、いかにも面倒くさく、哲学者振つて、知つている限りの東西の思想家、文豪の名を引き出し、ドイツ語をやたらにつかつてペダンテイツクを思はせぶりたつぷりな文章で読者を引きずり回す」[50]と評した『三太郎の日記』は、その狂詩曲《ラプソディ》的断章の堆積という構造、教養として取り込まれる対象のアナーキーさとそれらへの自在な感情移入、唯我的内面世界にもろもろの教養を遊ばせる際の余裕たっぷりな雰囲気等々によって、大正教養主義の特徴を一身に体現している。「どれでもが良き」教養の海の中を、阿部の思考はいつまでも漂って倦むことがなく、そこにはいつまでたっても何の結論も出てこない。阿部は言う。

俺は俺の中に在る「神を求める者」と俺の中にあるドン・ホアンとを対決させる必要に迫られて来た。俺は前者を廓大して見るために、聖フランシスの伝記をとり、後者を廓大して見るために、ステンダールの著書をとつて、且つ読み且つ考へた。両者ともに俺の中に響を返す沢山ののを持つてゐた。この対決は容易に決定し難かつた。俺は解決に到達する前に漸く疲れて来た。例によつて松林と砂丘と海岸とを歩き廻りながら、俺の心はしばしば快い夢の中にのがれて現在の問題を避けようとした。（中略）俺は何よりもまづ俺の心の張りの弱さが憎かつた。（中略）去月の二十八日、俺は松林を通つて、砂山を越えて、海岸に出た。俺の心には漸く一応の解決が出来た。その解決は要するに未解決のまゝに戦を明日に延ばさうとする決心をしたにすぎない（阿部次郎『三太郎の日記』）51。

無数のまとまりなき教養に対応する心的態度とは、このような決断留保であり、あるいは、どれが本当だか何だか分からない、意味のない無数の決断である。ここで注意されなければならないのは、こうした「すべてのもののエピゴーネン」たる位相を悲観する気分が、阿部には絶無なことである。教養主義は文化的オプティミズムなのだ。何も決めないことは何も恥ずかしいことではない。いつの日にか最良の答えをだすべく考え続けることは、一種の勇気ある行動なのである。阿部は無数の教養のあいだをふらつくことを、積極的に肯定する。

自分の世界にももとより幾つかの Entweder-Oder（著者注・あれかこれか）がある。しかし自分は人生の中に「あれかこれか」を発見するに特に鋭敏なる感覚を持つてゐるか。自分はこれを発見する事に対する一種の要求、一種の歓喜とも名づくべきものを持つてゐるか。恐らくはさうではあるまい。自分の「あれかこれか」はやむを得ずして逢着する突きあたりの壁である。自分はむしろ Sowohl-als auch（著者注・あれもこれも）を喜ぶ性情を持つてゐるらしい。（中略）これは自分の天性である、したがつて又自分の長所である（阿部次郎『三太郎の日記』）[52]。

「あれもこれも」を賛頌し、不決断と留保に積極的に身を委ねる態度は、少数派知識人としての屈折した表現を交えつつ――そこから「弱者の哲学」[53]という魅力ある術語も発明された――、前時代的立身出世主義者に対する絶対的優越感として固着されるに至る。

決定した態度をもつて人生の途を進んで行く人の姿ほど勇しくもまた羨しいものはない。（中略）しかし汝らはなぜに愚図々々するぞと叱る人の姿を見る時その人の長き影には強制と作為と威嚇と附景気と、更に矯飾偽善の色さへ加はつてゐるのはどうしたものであらう。彼らに比べれば僕らはまるで品等を異にする上品の人である。彼らは偽人である、僕らは真人である。（中略）僕は自分のつまらない者であることを忘れたくない。しかし自分のつまらないことさへ知らぬ者に比べれば僕らは何と云ふ幸な日の下に生まれたことであらう。この差はソクラテスと愚人との差である。この事を誇としないで、又何を誇としようぞ（阿部次郎『三太郎の日記』）[54]。まさに自信たっぷりである。といっても、この自信は、決して整理不能状態に陥った無際限な教養の海に溺れながら居直るということではない。阿部は言う。

ニイチェがトルストイを悪く云つたり、トルストイがニイチェを悪く云つたりすることは、俺がニイチェとトルストイと両方の弟子であることを妨げない。（中略）彼らが相互に反撥するのはその間に深い本質的の矛盾があるためにしても、俺が彼と此《これ》との弟子であるには何の妨げともならない。俺の人格は俺の人格で、彼らの人格ではないからである。すべての優《すぐ》れたる人は自分の師である。いかに多くの人の影響を受けても、綜合の核が自分である限り、自分の思想はつひに自分自身の思想である（阿部次郎『三太郎の日記』）[55]。

つまり、無数の教養の中でも、分裂を意識せずに安閑として過ごし得るのは、「『あれもこれも』を公平に摂取し得る能力」を自分が持っていて、教養の「綜合の核が自分であ」り得ると確信できるところに由来しているのである。阿部は「あれもこれも」状態を解決する能力を「ディヤレクティッシュ（弁証法的）」な力と呼ぶ。彼は、「矛盾の征服を通じて常に新たなる立脚地に進むこと――かくて無限の生成発展を続け行くこと」、「矛盾するものの双方にそれ〴〵に存在の理由を認めて、この二つのものが更に高き立脚地において調和の地を持つこと」[56]、至高の調和へとすべての矛盾を統べてゆける力が自己に内在することを、信じる。

モラトリアム感覚のコスモポリタン

ただ、そこで鍵になる「ディヤレクティッシュ」な力は、そう簡単には発動しない。時間がかかるのである。そこであとは、気長に「自ら修養することによつて」、「ディヤレクティッシュ」な力の発現を促し、「一切の存在の中にその存在の理由を——その固有の価値を認めてことごとくこれを生かすこと、個々のものを真正に認識することによつて普遍に到達すること、すべてのものと共に生きてしかも自ら徹底して生きること」[57]を実現すべく、日々努力していれば、最後の調和はやがては訪れてくれるだろうという話になるのだ。あらゆる「教養」を総合し、内面の完成による「普遍」への到達まで、周りはじっくり待っていて貰いたいということである。

ここで確認すれば、教養主義者の目標とされた「普遍への到達」の普遍とは、そもそも教養主義の発生が、国家とか民族とか社会のためにがんばるのは馬鹿馬鹿しいという感情に由来し、「種」は無価値というところから出発しているのだから、日本人とかは関係なく、人類とか抽象的人間一般とかの「類」に結びついた普遍に落着する。「我らは民族と云ふ半普遍的なるものの生命に参加することによつて」、「教養を求むる渇望をみたすことは出来」ず、「個体的存在の局限を脱して全体の生命に参加せむとする欲求」にしたがって「神的宇宙的生命と同化するところ」[58]の普遍を目指すというのである。かくして教養主義者は、「種としての国家、社会、政治、経済、特殊としての民族、氏族」を視界から外し、「全と個、神と個性」の直結をはかるべく、「国家、社会に超然として自己の内奥にこもり、「ディヤレクティッシュ」な能力の涵養《かんよう》に、ひたすら努めるのである。教養人とは、日本人ではなくコスモポリタンである。

教養人の「外面」への召喚

以上、「型」の崩壊下における知識人の精神状況、「教養」の理念の素描を試みた。「個」の自由な突出を当為とし楽観する、「外面」の一時的消滅によってもたらされた時代感性は、等価的諸「教養」に対応すべく個の能力を無限化し、「種」を無視することで「個即類」を可能とする。そして内面世界に投入して個の内的向上に普遍への到達を求めようとする、歴史意識、現実意識を没却しての自己完結の調和的世界像を造出した。そこでは「自己の内生」がすべてであり、他には何もなかった。

しかし、この内向の砦に垣間見られた世界精神の片鱗は、大した命脈を保持してはいなかった。「型」の崩壊がもたらし膨らましていった、日本社会のありとあらゆる次元での混乱は、知識世界にも不安の影を落としはじめる。政治権力の多元化と揺動化、いわゆる資本主義の危機、相撲の横綱までがストライキに参加するほどの社会主義的傾向の全面化、モダン文化の混沌、そしてそれらの背景にいる、生活形式を喪失し、騒擾する流動体のようになってきた都市大衆という存在が、いったんは日露戦後にぼんやりと雲散霧消してしまったような「外面」を、再び重圧感のあるものとして蘇らせたのである。かくして「内面」は「外面」への召喚を迫られる。教養主義者は社会への覚醒を要求される。「型」の再建の問題が浮上してくる。

阿部次郎の理想主義

唐木順三は、「旧形式の崩壊」の最終段階を、物そのものと人そのものに物理的に恐るべきダメージを与えたカタストロフ劇としての一九二三年の関東大震災に求め、お気楽な教養主義者たちも、あまりに壊れ綻んでしまった現実に対し、ついに真剣にならざるをえなくなったとする。そして、新たな「型」への教養主義者の提案の一例として、一九二五年に木下杢太郎《きのしたもくたろう》が行った講演「日本文明の未来」を挙げる。そこで木下は、国民全体が教養人となることで現代の日本の無形式が解消されると述べた。

しかし、そうした提案を用意していたのは、すでに関東大震災前に始まっていた阿部次郎の思想の、新たな展開ではないだろうか。すなわち、一九二〇年の講演「人格主義の思潮」と、それを基礎として一九二二年に刊行された大著『人格主義』が、その肝である。「各個人にとつて最も根本的なる生活はまづ社会的顧慮を断絶して個人的興味にこもることである」[59]と広言していた阿部も、直接的には思想弾圧への危機感や社会主義運動への関心から、「思想の事実化」、つまりまさしく新たなる「型」の提示の必要を覚え、人格主義ということを言いだしたのである。唐木はどうしても日露戦争と関東大震災で区分けしたいから、阿部よりも木下杢太郎を持ってくるが、歴史の実際に照らせば、木下よりもまずは阿部だろう。

阿部は人格主義を示すのに先んじて、まず理想主義という立場を打ちだす。それは、先に述べてきた教養主義の内向の原理をそのまま「型」として採用すべきという決意の主張であり、採用すべきものは絶対に採用されなくてはならないという信仰宣言であると、理解される。

理想主義とは何であるか。それは言葉の通りに、理想を指導原理としてあらゆる思想と生活とを律して行かうとする主義である。理想成立の順序はどうあつても、それが一度理想として確立するや、これに現実を命令し支配する権威を与へて、この理想を生活原理とせむとする情熱である（阿部次郎『人格主義』）[60]。

では、そこで熱烈に追い求められる「教養」の理想の社会的現実化とは、具体的には何を意味するのだろうか。ここに、「理想主義の内容を更に立ち入って規定した」[61]人格主義が登場する段になる。

阿部次郎の人格主義

阿部にとって、人格主義の人格とは次のようなものである。

第一に人格は物と区別せられるところにその意味を持つてゐるものである。第二に人格は個々の意識的経験の総和ではなくて、その底流をなしてこれを支持しこれを統一するところの自我である。第三に人格はわかつべからざるものといふ意味においての Individuum（個体）である。第四に人格は先験的要素を内容してゐる意味において後天的性格と一つの不可分な生命である。

区別される。カントの言葉を用ゐればそれは単純な経験的性格ではなくて叡智的性格《インテリギーブラー・カラクター》を含んでゐるところにその特質を持つてゐるのである（阿部次郎『人格主義』）[62]。

ここに、教養主義者が想定してきた無限の可能性を持つ内面は、そのまま人格という概念にされて、より客観的に定位される。この人格とは、「個々の刹那における思考内容感情内容意欲内容の総和もしくは連続ではな」く、「一つの生命に貫かれてゐ」るものである。「したがつて人格が個体たる所以は他の人格との対立もしくは相互制限にあるのではな」く、個体としての人格が他の人格とも「一つの生命に貫かれて」溶け合える可能性に求められる。人格は個体から人類へとアメーバのように融通無碍に拡大してゆけるのだ。

阿部は言う。「一つの生命を有する神もしくは宇宙といふものを想定することを許されるならば、その生命が精神的なものである限り、私たちはこれを個体と名づけ、人格と呼ぶに、何の矛盾をも感ずる必要がない」[63]。人格は人類全体どころか、神や宇宙までを貫き覆うものでありうる。そこで個の人格を貫いて拡がってゆくのは、「普遍的先取的原理」であるところの「底流としての自己」である。それは、「経験的性格を鼓舞し、激励し、苦しめ、悩まし、洗錬し、浄化して、人格を人格として琢磨せむ」[64]とする。「底流としての自己」とは、カントの想定した意識一般というものが、より実践倫理学的に、何やらとても感激的で求道的なものへと変態したかのごとくである。

この「底流としての自己」に、ありとあらゆる人の心が導かれて、日々に精神の陶冶《とうや》に努め、どんどん人格を高めてゆくというのが、人格主義の世界ということになる。「人間の生活に関する限り、人格の成長と発展とをもつて至上の価値となし、この第一義の価値との連関において、他のあらゆる価値の意義と等級とを定めて行」[65]こうと、阿部は宣言する。社会は「自己の人格の威厳を信ずる者＝君主人」[66]から構成されるべきであり、そこでは「あらゆる人が最高の程度にその人格を伸ばす権利」が「平等に保証」される。

人格主義と天皇

そして、その理想を可能ならしめるためには、社会や国家が「ひとつの生命が貫いた」人格であることを要求される。人格主義が認める国家とは、思想史家、船山信一《ふなやましんいち》の言葉を借りれば、国民全員が人格主義にしたがうように努力を惜しまない「倫理国家主義」を国是とし、「世界・民族・個人を貫く精神的生命の個体主義」[67]を奉じる国家のみである。絶対主義国家や帝国主義国家は、人格の自由を侵害する体制として否認される。そして、阿部によれば、日本は天皇によって倫理的国家、あるいはそうでありうる国家となる。阿部は西洋流の絶対主義を否定したあとで、こう述べる。

日本は決してこの意味におけるアブソルーティズムの国ではなかつた。私は権力と妥協するためではなく、日本の美点を明らかにせんがために、敢てこのことを云つておきたい。（中略）明治天皇が教育勅語の中に、我らの遵守すべき種々の徳をあげられた後、単に爾《なんじ》ら臣民はこれを服膺すべしと宣《のたまわ》るることなく、朕もまた爾臣民と拳々これを服膺することを庶幾《こいねが》ふと云はれたのも、主権者が道に従はむとする意志を明示せられたものであると信ずる。道に従ふことは単に臣民の義務であるのみならず、又帝王の義務である。帝王は道に従ふことによつて始めて神と祖宗とに対する義務を全くする——これは極めて崇高な理想主義である（阿部次郎『人格主義』）[68]。

つまり、日本国家の場合には、天皇が道、すなわち「底流としての自己」にしたがい、人格主義的生活に就くことで、国家が人格と化すという場合がありうるし、現にそうであるとも考えられるのではないかと言うのである。人格主義者、天皇の下で、諸個人が自己の内面世界の向上に努めれば、これはもう立派な倫理国家が現出するのである。

教養主義者の退場

このように、外面に適用された教養主義の理念は、「底流としての自己」をあらゆる水準に塡め込んで、「ひとつの生命」がさまざまな位相で主張されることになる。誰しも人格を修養して、「底流としての自己」に目覚めれば、わたしも、わたしとあなたも、彼も彼女も、みんなも、市民も、群衆も、国民も、人類も、ひとつの個体になってしまう。もしも社会が一個の倫理的な個体になれば、そこにいかなる矛盾も発生しなくなるから、社会的問題もすべて消滅する。阿部は、資本家が人格主義に目覚め、「財産を公共的なものと思惟する観念」[69]を持てば、所有と分配という難問は自ずと解決すると主張する。

けれども、人格主義は、どうすればみなが人格的生活を営めるのかということについても、どうすれば誰がどの程度の人格的高さにあるのか判定できるのかということについても、具体策を欠いている。理想主義の精神で熱烈にがんばって人格を切磋琢磨すればいいと言っているだけである。人格主義が「つねに問題を既存の制度の担い手やそれを運用するひとびとの『観念』のあり方という『倫理的要求』に還元することによつて解決しようとする」[70]とき、そこには「君子《くんし》人《じん》」がいてくれなくてはならないのだが、そのための手だてが理想主義的かけ声だけというのでは、社会思想としてはあまりにもぬるい。これでは、根深い「型無し」の新状況に対処して、「型」の再興を約束する重責はとても担いきれないだろう。

阿部の理想主義も人格主義も、はなはだ空漠として実効性に乏しい理想論という宣告を下されざるをえない。『人格主義』の刊行直後になされた、若き論客、竹内仁《たけうちひとし》の批判は、人格主義が「ブールジョアジーに彼等の保守主義の好個の口実を提供する」ものでしかなく、「高く美しき空虚の理想を掲げてブールジョアに場合によつては良心の麻酔的慰安をさへ与へることになるといふ道徳的非難を免れる事は出来ない」[71]として、その現実無効性を完膚無きまでに糾弾した。阿部はそれで挫けた。「日本浪曼派」の一員でもあった批評家、亀井《かめい》勝一郎《かついちろう》は、大正思想を振り返り、教養主義者たちを次のように断罪している。

　彼らは何よりも野生的な反逆心を欠いてゐた。愚に拙くとも、徹せんとする信仰なく、底ぬけの理想もない。聡明と云へば聡明にはちがひないが、実生活を犠牲にしようと苦悶したときの傷痕と云つたものは遂に彼らにみられない。調和的の思想とは、烈火に焼かれることを知らぬ微温的なものではあるまいか（亀井勝一郎『現代人の研究』）[72]。

それから阿部次郎は、後輩、和辻哲郎に遅れること数年で「日本と親しくなり、「ひたすらに見知らぬ異邦の間に、自己の空腹を満たし自己の発展を幇助《ほうじょ》すべき食糧を捜しに行くといふ、あの不思議な迷路」[73]から脱し、江戸思想研究者へと転進をはかることになる。

人格主義の右翼的継承

こうして、ひとつの時代精神の限界が自覚されると、それに代わって知識人世界に擡頭したのは、理想主義的先入見を排除し、複雑化する一方の近代世界を、トータルに理念的に大雑把に導こうとするのではなく、部分的にではあってもなるべく正確に認識しようとする、要するに社会科学的な態度であった。たとえば、大山郁夫《おおやまいくお》は一九二六年、「すでに『かうであらねばならぬ』などといふことは実証主義的証明でなく科学ではない、まったく信仰の領域である」[74]として　自己の専門領域である政治学の「客観化」へと向かう。

アカデミズムの新たな動向がこうした「科学化」を目指して、新たな「型」への理想主義的戦闘から直接には撤退してゆくのは、倫理を説くくらいではもはやどうにもならない、複雑怪奇な「外面」をいったん思い知ってしまえば、当然の対応になるだろう。けれども一方では、そうした状況は、複雑怪奇な現実に日々晒《さら》されている個人の精神的不安を深刻化させ、「個の基盤」としての「型」の回復が、よりいっそう要請されることにもなる。

ここで再び唐木順三の言を聞くならば、その要請に一時的ではあれ確実かつ有効に全般的解答を与えたのは、理念や体制への没我的献身を多数になさしめたという意味において、マルクス主義の思想とファシズムの体制であったということになる。なるほど、それはそうだろう。贅沢品を身につけたり、ちょっとした気障な身のこなしを指して、「ブルジョワ的だ」となじるマルクス主義者や、同じことを「この非常時に非国民め」と叱りつけるファシストは、確かに思想から生活の細部にまで、ある程度の「型」の意識を供したと言うことができるからだ。

しかし、そういう昭和の荒波の中で、人格主義や教養主義が消えてしまったということはできない。それは右翼的な異版として、昭和の思想史にも生き残って、それなりの力を振るったのである。ここで話は安岡正篤に還ってくる。

6 錦旗革命論

アナクロ教養主義者としての安岡正篤

安岡正篤は、たとえば三木清よりも一つ年若で、林達夫《はやしたつお》らと第一高等学校で同期であった。したがって、大正教養主義の洗礼を受け、個人主義的内面世界の底なし沼に誘惑されながら早くから「型無し」の近代の苦悩にも直面させられた、ポスト教養主義の世代に属することになるだろう。内面と外面の分裂にさいなまれた彼らは、外面の改造に熱烈に向かうか、内面へ沈潜するか、それとも外面の客観的認識に徹するかといった方路を選択しなくてはならなかった。そして、もし改造に向かうのであれば、またそこに、右よりで行くか左よりで行くかという、分岐点が現れることになる。

といっても、安岡個人には、そうした一般的世代論から少しずれた古いところがあった。彼は、「我々青年やそれ以下の子弟にとつて、全く真実とは思はれぬほど時代錯誤的な事実」、「幼少の頃から四書五経を教へられ日本外史や十八史略を読まされた」[75]という事実により、幼時から経世への情熱を培《つちか》われ、「政治と謂ふ文字が即ち正義」[76]でなくてはいけないという観念に、子供のころから取り憑かれてしまっていたのだという。つまり、理想は必ず現実でなければならないというわけである。阿部次郎の理想主義そのものとも言える。

34歳ごろの安岡正篤
（安岡正篤『東洋の心』1987年　黎明書房）

加えて安岡は、少年時代に、世代的常識から「まるでかけ離れた古典的風格の人々」と日常的に交際を持ち、彼らに大いに感化されたのだという。すなわち、「生駒山下の滝寺に隠棲してゐられた大儒、岡村達《おかむらとおる》翁とか、奇矯な漢詩人であつた浅見《あさみ》晏斎《あんさい》翁とか、剣禅一如の妙道に適してゐられた絹川藩三郎《きぬがわはんざぶろう》先生とか」[77]に取り囲まれていたというのである。

漢文教育にせよ、文人や剣客との付き合いにせよ、三木清の世代というよりは森鷗外の世代の育ちかた、暮らしかたである。つまり彼個人には、日露戦争後に一般的に壊れていった「型」が豊富に残っていたということである。この点が、安岡を三木清や林達夫のようにはしなかったのだと言うこともできるだろう。彼は同時代に深く影響されたが、そこにはまりきっていたわけでもなかった。結論を先取りすれば、そういう安岡だからこそ、教養主義や人格主義の右翼化という、奇妙とも言えるベクトルを探求することになったのである。

阿部次郎を模倣する安岡正篤

中学生まで儒者と禅者と武芸者に囲まれていた安岡は、高校生になって東京に出るや、「教養」の集中放火を浴びる。安岡はこの時代の多くの青年とまったく同様に、カントやフィヒテや西田幾多郎に傾倒する。

そして、いったいどうなったか。安岡は大学卒業の前後、つまり阿部次郎が『人格主義』を世に問い、間もなく関東大震災の起ころうとしているころに、自らの人間としての理想を次のように記している。

> 私の期するところはひとへに現実の直視である。現実の直視によつて、最早浮藻な観念の遊戯をゆるさず、低徊な心情の怠惰をも仮借するところなき、創造の白熱に輝く全人格的努力をもつて絶対の風光――人格の自由荘厳を実現することである（安岡正篤「東洋文化に対する自覚」）78。

人間生活の一番深い一番本質的な望みは、あくまで箇の人生の理趣を解釈するにある。人生の理趣を解釈するとは、つまり我が分内に宇宙を創造し体現することである。もつと剴切にいへば、宇宙を創造し体現する直下に自己がある。人生の理趣を解釈するとは決して単なる観念を考へることではない。箇の全人格・全生命をかけての活動でなければならぬ（安岡正篤『王陽明研究』）[79]。

西洋哲学からの翻訳語よりも漢語的言い回しが多いところを別にすると、この文章は、まるで教養主義的、人格主義的、個人主義的、阿部次郎的である。安岡は「箇《こ》の人生」、「箇の内面」をひたすらに強調している。しかし、『三太郎の日記』のように、暢気に構えていられる時代ではもはやない。「箇」を取り巻く外面の状況は、安岡にとっては、人格の実現を目指すにはあまりに悲惨な状況として、最悪の「放心の時代」、「機械観の時代」として捉えられる。

現代人は自ら求めて自己の優越感を放棄し、単なる動物的存在に甘んじようとして居る。恐るべき人格の麻痺！　理知の明は盲ひ、情意の力は萎え果てて、次に来るものは何か。長き眠！死！　然り、然り、そしてそれは同時にわが神の国を「沈みゆく黄昏の国」Der Untergang des Abendlands となしをはるであらう。思ひここに至るごとに私は独り愴然たらざるを得ない。しかもこの内的危険の深淵より眼を挙げて周囲を眺むれば、世間は更に荒涼である。強烈な色彩、喧騒な雑音、たえざる機械的労役と虐使、それらがすべて人間の神経に刺々しい刺戟を与へ、暗い疲労に沈んだ人々はみな鉛の如き心を抱いて、せめてその暗い疲労を一時的にでも紛らすべく、さらに飽くなき官能的刺戟を求めて蹌踉としてゐる。ああ、死の荒野をさまよふ行屍走肉の群。何人かこれを想うて戦かないものがあらうか（安岡正篤「東洋文化に対する自覚」）[80]。

ここには、「型無し」と化し、刹那的になった時代への、典型的な嫌悪の表現がみられる。しかし、安岡にあっては、ここまでひどく荒廃した状況だからこそ、ますます人格の正義は絶対となるのであり、その理想をあらゆる個人の精神生活に実現させて、悪しき時代をうち払わなくてはならない。ここに理想主義的戦闘がはじまる。

「銀行破綻は経営者の心の問題である」

その戦闘法となれば、これもまた、まるで阿部次郎的である。制度の分析や改造は決して第一義的にはならない。なぜならば、あくまで「各人の自覚修養こそ常に万事を解決する根本」[81]なのであり、それに先んじて制度を問題視するのは、人格の無限性への侮辱に他ならないからである。

安岡は、たとえば銀行の経営破綻を前にして、「経済的破綻は全く精神方面の破綻の一現象と見るが妥当であり、十五銀行の破綻を見るにこれは全く経営者の長い間の不道徳な行為が降り積つて行詰りを生じたとすべき」[82]だとして、経営破綻は経営者の人格破綻以外の何ものでもないとする。

となれば、安岡の悪しき現実への答えは、つねにひとつになるだろう。一種の人間革命である。「公人として私人として、何人もが人格者たる自覚に立つことに依つてのみ鬼道畜生道の苦しみから脱却して人天の世界を開くことが出来る」[83]のである。「人格の自覚」、「生命の味識《みしき》」、「法則の諦念」、「生の中心への帰趨」、「超個人的意識の体得」といったものが、安岡の決まり文句になる。それでは、安岡にとって万人が自覚し、深めゆくべき「人格」とは、如何に説明されるのか。安岡は述べる。

我々の心は無限に複雑な欲求の体系と観ることが出来る。けれどもそれ等の欲求は機械的に漫然と相集まつて居るのでは無い。一つの体系を構成する部分である。言ひ換へれば、同じく部分として他の諸々の欲求と相互に深い交渉を持ち、独立の半面に高い全体的統一に依つて制約されて居る存在である。我々の良心とはつまり是の如き部分的欲求に対する全体的統一に他ならない。「我」の最も深き意味も亦此処に存する。我々の衷に於ける此の力をカントは至上命令と称したのである（安岡正篤『天子論及官吏論』）[84]。

意味内容においては、阿部次郎の人格主義の説く人格概念とほとんど変わらないようにも感じられる。阿部の言う「底流としての自己」、「先験的存在」に相当するものは、安岡では「カントの至上命令」である。阿部の「底流としての自己」もカントからの借り物とも言えるから、早い話が、「底流としての自己」も「至上命令」も同じである。

安岡によれば、人間が「至上命令」と出会うときとは、すなわち「我々の部分的意識が全体的意識に対する時」であり、そこに「敬畏」と「感激」の情が生まれ、人間はまことの人間に復するという。そして、求められるべき「人格の自由」とはこの「至上命令」を「明らかにすること」で「我々のあらゆる部分的欲求」が「すべて皆、其の正しき場所を得てゆく」[85]ことと結論される。どこまで行っても、阿部の人格主義そのものではないだろうか。

天皇が「最高我」である

しかし、安岡のポスト教養主義時代の思想家としての創意は、この先にこそあるのだ。安岡にとって、こうした人格の理想的精神活動が「個」の内面に「類」的感情を得て自足完結するのは、あくまで個人生活の水準、道徳意識の範疇だけで、人格主義のように、その論理を社会や国家にそのまま無制限に及ぼそうとはしない。安岡は、個人生活と団体生活を別次元に扱おうではないかと提案する。

それでは、安岡は団体生活を持ちだして、政治や経済や社会の具体的制度でも問題にし、いよいよその変革を志すに至るのであろうか。

ところが、やはりそうではないのだ。ここに人格主義の同時代的異版であり、なおかつ右翼に連なりもする安岡の思想の神髄が現れてくる。

人間の生活単位が個人より団体に進むに至つて、個人に現るる超個人的意識（天）は自然にまた個人を分子とする全体社会に顕現する様に為つた。之を先の道徳的意識に対し特に「政治的意識」といふのである（安岡正篤『天子論及官吏論』）[86]。

国家に在つては、個人の道徳意識（に相当する政治的意識）に具体的表現を有する。「官」とは即ちこの国民の政治意識の具体的表現であり（本来官は人を主とする所と解されて居る）、其の官を体系化したものを「政府」と称する。そして政府の最高の官、国民政治意識の最高次の中心を「天子」と謂ふのである。云はば政府は国民の良心であり、天子は国民の最深の意味に於る我に中る。法律に所謂主権とは是の如き最高我の作用を意味する（安岡正篤『天子論及官吏論』）[87]。

驚くべき論理ではないだろうか。個人の精神生活においては「最高我」とか「至上命令」とか「底流としての自己」は、精神の内奥にある。それが団体生活では、違ってくるというのである。人間に立派な団体生活をなさしめうる「最高我」は、人間個々の精神の内側から疎外される。どんなに心を掘り下げても、団体生活のための「最高我」は出てこない。それは「天子」という本当にいる人間か生き神かに外化するのだ。

実在する「最高我」が直接に命令する国

阿部次郎の人格主義も、西洋の絶対主義的君主とは違う、東洋的な「帝王」を見いだしてはいた。しかし、それは「帝王」も国民個々と同じく「底流としての自己」にしたがうのだという理屈においてであった。そして阿部は、みなが「底流としての自己」にしたがえば、社会が高度に道徳的に一元化されるはずだと説いた。しかし、内なる道徳律の「底流としての自己」がどんなものかは、個々人が内なる声に耳を傾けてしか明らかにならないし、各々に違った声が聞こえてくることもありうる。「底流としての自己」はあくまでひとつのものだとしても、それを聞く人間個々の思想によって、聞こえたと思える内容が変わってしまっても仕方がない。ゆえに、阿部次郎の説く、全国民、全人類が「底流としての自己」にしたがえば必ず麗しき「予定調和」に至るという理想は、美しくはあるけれど、どうも非現実的で、空虚であった。

しかし、安岡は、少なくとも国家生活や社会生活においては「底流としての自己」が「天子」であり、その声を伝えるのが「官」であるという。それならば「底流としての自己」の声は、必ず国家によって具体的に発せられる。個々人が心の内に耳を傾けて、聞き間違え、個々の判断が分裂してまとまりがつかないということはない。声は上から、「天子」、もしくは「天子」の意を代弁する「官」の命令として、明確に降りてくるのである。

そして安岡は言う。「我が国に於いては、昔からこの天子といふ最高の真我とその具体的表現とが」「万世一系の天皇」によって「完全に一致して、国民の尊厳な人格生活が万古に炳焉たる自覚の光を放つて居る」と。政治＝正義という当為が、世界で唯一、天皇に実体化している国が日本なのだという「万邦無比」の論理が、ここに導かれる。「団体生活者」としての日本人個々の人格の実現は、「天皇に依つて自性を徹見《てつけん》」し、「天皇を至尊と仰ぐことに依つて、天上天下唯一独尊といふ仏陀の自覚に到達する」[88]ことで達せられる。日本国民は、外に天皇を拝むことで「団体生活者」としての最高道徳に目覚める。一方、「精神生活者」としての日本人個々の人格の修練は、天皇ではなくて、内なる「最高我」の声にしたがって行われればよく、そこに矛盾は存在しないというのである。つまり、最高道徳のダブル・スタンダードである。

「錦旗革命」を起こせる者

　すると、こうした完全倫理国家は、いかに実現するのか。「団体生活」における「最高我」は天皇として実在している。しかし、天皇の官吏や国民が人格を鍛えようとせず、「最高我」に直面して道徳心を高める喜びに目覚めなければ、国が大いに乱れるということはあるし、現に安岡が直面している時代がそうであった。すると、乱れた世を正すための革命が必要になるということもあるだろう。ここにようやく安岡の「錦旗革命論」が現れる。

　政治の頽廃が致命的でなければ、所謂官紀の振粛に止まるであろう。けれども最早病膏肓に入つて居る以上、国民に与へられた唯だ一つの道——生の飛躍あるばかりである。これ宗教に所謂更生である。国家の更生に依る自己発展を即ち「革命」と謂ふ（安岡正篤『天子論及官吏論』）89。

　其の革命は誰の手より発するか。——天子の真義より観ればこの革命を行はしめたるもの是れ即ち天子である。生の飛躍、更生はやはり「我」の作用なるが如く、革命は天子の作用である（安岡正篤『天子論及官吏論』）90。

「錦旗革命論」とは、この論理を核心とする。錦旗というと、錦の御旗を掲げるということだから、天皇本人ではない誰かが、たとえば北一輝の革命論のように天皇を利用し、その権威を借りて錦旗を掲げさせてもらい、革命を起こすようにも想像される。ところが安岡の論では、天皇は革命の象徴として祭り上げられるものとは違う。「革命は天子の作用」だと言っている。これはつまり、天皇が革命の唯一の主体であるということだろう。

天皇主義をつきつめて、天皇にすべてを求めれば、正しい革命を起こせるのも天皇だけで、下々が起こすなどとんでもないという考えも出てくるだろう。安岡はまさにそういう思想に到達したのである。それは突き詰めるところまで突き詰めた、原理主義的で過激な思考とも言える。

ところが、ここに、日本の具体的変革を目指す右翼から、安岡は微温的と非難されるようになる根本理由もあった。それはきわめて簡単明瞭なことである。天皇の国、日本における正統な変革は、天意という「最高我」の発動にしか求められないとなれば、いつ革命を起こすかは、天皇のみが知り、下々の知ることではない。下々が勝手に革命を起こすことはありえないし、あってはいけない。天皇が国を一気に別様にすると言えば、そのときは下々はそれに従う。それだけが革命であり、他の革命の方法は日本にはない。あるという者がいれば、それこそがうそいつわりを説く「口舌の徒」である。安岡が北一輝と訣別し、大川周明とも距離を置いたのは、この理屈に基づいている。この極論によって、下からの革命は封じ手になる。よって、下からの革命を企む側にとっては、安岡は最悪の思想家となるのである。

永遠の「平成」状態へ

それでは、乱れた世を前にして、下々に出来ることは何か。「団体生活」においては外なる「最高我」を、「精神生活」においては内なる「最高我」を仰ぎながら、人格を陶冶することだけである。「精神生活」における個人の修養は各人勝手の純粋に内面的な問題となるが、「団体生活」における個人の修養は天皇を仰ぐことで行われなくてはならない。そして、安岡は、「最高我」であり「底流としての自己」である天皇の声を聞き取り、国民に遍く行き渡らせるものが「官」であると説いた。「官」とは具体的に言えば、国家の官僚であり、地方の役人であり、学校の教師であり、ひいては人の上に立つ者全般のことを言う。安岡は「官」を「道徳的意義から観れば」天皇と「其の本分を同じうするもの」であると言う。「官」は「分身の君」[91]として「天徳の実現（輔弼翼賛）」と「それについての任責」に精励しなくてはならないと言う。天皇の官吏とは天皇の分身であったのである。

ここまで来れば、安岡が直接行動を忌避し、支配層の中でも特に官僚と結び、また私塾を開いて、将来は行政官や教師や村の指導者にでもなりそうな青年らの教化に努めたことも、すべては彼の思想の本質に忠実な行動であったのだと知れるだろう。安岡という下々のひとりに出来ることは、「団体生活者」としての日本国民の人格の陶冶に、とりわけ「官」の倫理的自覚を高めることで、気長に貢献すること以外にはなかったのだ。

また、安岡が過激な闘争を好まない理由も、彼の思想が「団体生活」と「精神生活」のダブル・スタンダードの永続を求めたことから説明することができる。「団体生活」が非常時に突入し、革命、内戦、対外戦争が長く続くようなことがあれば、個人は生命の危険にさらされ、人格の陶冶のための落ち着いた「精神生活」をしにくくなる。それでは困る。「団体生活」も穏やかな方が、安岡の理想のためにはよいに決まっているからである。だから「平成」であり「大和」でなくてはならない。

「錦旗革命」を起こせる者を導く者

確かに安岡正篤は革命を説いた。気の早い者は、きっと彼自ら革命を起こそうとしているのだと思い、安岡を「昭和の由井正雪」と呼んで金鶏学院にはせ参じたし、逆に原理日本社の人々のように安岡を過敏に警戒しもした。しかし、結局、その革命論とは、下々は絶対に革命を起こしてはならないという革命論であった。その理屈は、阿部次郎の人格主義における「底流としての自己」を天皇に置換するだけで、ほとんど出来ている。言わば大正教養主義の右翼的読み破りである。そして、その理屈は、北一輝や権藤成卿の右翼的かつ具体的な国家改造論と同時代的に影響力を持ち、下からの右翼革命の企てが挫折して、北や権藤の思想がとりあえず退場したあとに、よりいっそうのリアリティを持って時代の要請に応え、影響力を保持し、「終戦詔書」に朱を入れるところにまでつながった。

それにしても、下からの革命の不可能性など説いたりして、安岡は自分で自分のものの考えかたを退屈だとは思わなかったのだろうか。いや、恐らく彼は大いに面白くスリリングであると思っていたに違いない。なぜならば、安岡という人の思想というか野心の肝腎なところは、恐らく活字になってはいないからである。彼は不特定多数に書物を公刊して呼びかける近代的思想家でもあったけれど、それだけの存在ではなかった。何しろ「歴代首相の指南役」である。要人とのコミュニケーションの場で本当の思想を開陳する、たとえば孔子のような存在形態の前近代的思想家でもあった。

そして、ここからは推測の域を出ないけれども、安岡が教え導き、言いなりにしたいと熱望していた、いちばん上の要人は首相ではなく天皇であった。彼は国家の「最高我」の師となることで、倫理国家実現のためのあらゆる具体的施策をたちまち断行できるような種類の革命を起こしたかったに相違ないと、私は考えている。

もちろん、そんな計画は安岡の著書には出てこない。不敬だからである。だが、彼の人生は、あまりに天皇を意識していた。天皇の重臣、牧野伸顕に取り入ったこと、その後も木戸幸一《きどこういち》ら、宮中グループと懸命にパイプをつないだこと、戦後の自らの団体の名称に、師友《しゆう》という、本来は天子と臣下の関係を表す言葉を用いたこと、自らの講演旅行を巡幸《じゅんこう》と称したこと、などなど、このこだわりは、「最高我」の天皇に革命を起こさせる師としての自分を思い描くことで、いつも政治的情熱を沸騰させていた安岡という一種の革命家の姿を、少なくとも私には予想させる。

だが、安岡が書物によって表向きに説いた考えかたは、昭和の右翼思想史において、自分で変えようと思ってもどうしてもうまく行かないならば、自分で変えるという考えを断ち切るしかないという段階を引き受けたものだと言えるだろう。

すると、次はどうなるだろうか。変えることを諦めれば、現在のあるがままを受け入れたくなってくるのではないだろうか。

第三章

右翼と時間——変えることを諦めれば、現在のあるがままを受け入れたくなってくる

1 文武天皇の「中今」

マンハイムのファシズム論

カール・マンハイムは、『イデオロギーとユートピア』において、「ファシズムの学説と実践との中心をなすのは、直接参加の神聖視、決断力と指導的エリートのイニシアティヴとにたいする信仰」[1]とした上で、そのファシズム論の基底を、歴史意識、時間意識の問題に求めている。

マンハイムによれば、保守主義者、社会主義者、自由主義者にとって、歴史の概念は、ある共通性をもってたちあらわれる。すなわち歴史には、「一つ一つの出来事に位置づけを与える特定の構造があり」、「ある体験や行動、ある考え方等は、特定の場所と時点以外では不可能」[2]なもの、存立しえないものである。時間論について言えば、この三者にとって、過去、現在、未来は、つねに異質な価値を有すると解されており、それら各局面の相違とダイナミクスとを正確に把握し、優劣を評価し、諸事の消長に対する有効な決定を下すことが、三者共通の、歴史に対する関心事となるだろう。

しかし、とマンハイムはいう。ファシズムはこれらと態度を異にする。ファシズムの時間感覚の最大の特徴は、「歴史が現在という瞬間的状況のうちに解消されてしまうこと」[3]、人々が「目の前にあるもの」[4]にしか関心を示さなくなることにあるからだ。ファシズムは「歴史の区分け」を否定する。そこでは、過去、現在、未来の独自な連関は消滅し、「すべての時代にかかわりなく起こるもの」が平然と受容される。過去の経験の蓄積も、未来への理論的ヴィジョンも、もはや本当の役割をもちえない。なぜなら、ファシズムが依拠するのは、「歴史の区分け」以前の、「永遠に変わることなくどんな歴史の出来事の底にも基盤として横たわっている」ような「領域」[5]であるのだから。

本章で考えてみたいのは、この、「目の前にあるもの」に自足し、あるがままの現在に没入してゆく時間感覚である。すなわちそれは、現在にすべてが解消されてしまい、過去と未来との連関から現在を注意深く見つめる思考が捨てさられ、歴史的思考、因果の探求が無化される状況（このことを現在の自己充足化、あるいは現在の永遠化とも言えるだろうし、また無時間的な状態としてもよいだろう）、保守主義、社会主義、自由主義などが、世を導く思想態度として機能しなくなる事態に、対応してくる感覚である。

というわけで、本章の課題は簡にして明である。このような現在あるがままに充足する時間意識の日本的展開に主題を置き、いくつかの点景を積み重ねつつ、主にファシズム期の昭和精神史の一面を叙述することが、それである。もちろん、実際には、歴史の特殊固有の局面を理性的連関のもとに価値づけようとする意識の減衰と、現在のなりゆきに身を任せるうねりの高まりとは、さまざまなレベルでの相互作用の下、複雑怪奇に進行してゆくであろう。とはいえ、近代日本の精神史は、この現在への自己充足の意識の日本的表現として、ある一語を有している。その一語とは「中今《なかいま》」である。

「過去なく未来なくただ現在の生成のみ」

元来「中今」とは、文武天皇即位の宣命に、「高天原の事始めて遠天皇祖の御世、中今に至るまでに、天皇が御子のあれまさむ弥継ぎ継ぎに大八島国知らむ次と」とあるを代表的出典とする。この「中今」の語釈として、本居宣長《もとおりのりなが》は次のように述べている。

中今とは今をいふ也、後世の言には、当時《イマ》のことを、降れる世後の世などいふは、よろしくもあらぬいひざまなるを、中といへるは、当時を盛りなる真中の世と、ほめたる心ばへ有て、おもしろき詞也（本居宣長「続紀歴朝詔詞解」）[6]。

昭和初期における「日本精神」鼓吹者のひとり、高須芳次郎《たかすよしじろう》のような人も、この見解を素直にうけ、『大日本詔勅謹解』（一九三四年）で、「中今」を「現在、盛りの真中の世のこと」[7]と解して、特に注意を払っていない。が、たとえば右翼歌人、三井甲之は、この「盛りの真中の世」の拡大解釈を試みている。『しきしまのみち原論』（一九三四年）で三井は、「中今」を、「過去なく未来なくただ現在の生成のみであるといふことの予感的言ひ現し」とし、宣長の解釈にも、その「予感の閃きがみとめられ」[8]るという。ここに、「中今」なる語に、現在あるがまま、目の前にあるもののみに充足しようとする特殊時代的志向が投影されたことを見るのは容易であろう。

また、日本主義的倫理学者、高階順治《たかしなじゅんじ》は、『日本精神哲学論攷』（一九四三年）で、元明天皇《げんめいてんのう》の改元の宣命から「中今」の用例を引き、それを「永遠の今」、つまり過去、現在、未来の三項区分からなる「先験的形式的時間」の観念を超越した、「具体的絶対的体験時間」として説明している。高階によれば、「永遠の今」のポイントは、「超因果」、つまり歴史的因果性を超越した時間感覚に求められるのである[9]。

超因果的時間と天皇神話

このように、日本近代の精神史に復活した「中今」なる古語には、歴史を抹消しようとする、この時代の欲望が仮託されている。「中今」的な意識のあらわれは、いくつかの類語が代わって充当される場合を含め、この時代のあちこちに確認されるであろう。

しかし、こうして復活した「中今」を、当時の用法に即して正確に用いようとするなら、それがもともと文武天皇の用いた言葉であることからも予想されるように、そこには、現在での自己充足化に向かう意識を時代に定着させるための、ある種の道具立てとして、「肇国《ちょうこく》の事実性」、「脈々たる皇道の生命」等々が、込みになってくると考えねばならない。端的に言えば、日本には天皇がいるからよその国とは時間の流れも違うのだという特殊日本的な感覚が絡んでいなくては、「中今」は成り立たないのである。そのような道具立ては、言わばソレル的な意味での「神話」であり、現在あるがままのみの感情を時代に定着させ、政治的な動員を継続して可能ならしめるために、必要とされる仮構と考えられるだろう。

したがって、ここで「中今」と言っても、二つのレベルが予想される。第一は、超因果的時間として経験され続ける、現在ありのままに充足を求める意味での、広義の「中今」である。第二は、その現在に没入してゆく意識をイデオロギー化し、そうした感情を体制の下で定着させるための「天皇神話」を込みにした、狭義の「中今」である。よって本章では、無用の混乱を避けるため、近代日本においての現在の自己充足化に向かう広義の「中今」的な心性を、とりあえず現在至上的な意識とか、現在至上的な感情などと名づけ、何らかの「神話」と結合した、狭義の「中今」的な様態を、「中今」、「中今」的状況としておくことにする。

「中今」の思想史へ

さて、「中今」前史を成す現在至上的な意識のあらわれを、まず探ろうとするとき、二つの相異なるレベルでの動向に、注意を払うべきである。

そのひとつは、「西田哲学」の根本モティーフとその展開である。「西田哲学」は、ファシズム的な論理の飛躍には縁遠く、それ自体は右翼とかファシズムとかと安易に語ることはできないが、後述のように、「過程性の思考」の克服、歴史的思考の拒否とでもいうべき観点から見るならば、「目の前にあるもの」を重視し、現在至上的な感情の定位をはかった思想として落とせぬものである。さらに「俗流西田主義」への連続性を考慮するならば、昭和期の「中今」問題に対して、その果たした役割は、いよいよ大とせざるをえない。

もうひとつは、ある思想自体に内在する現在至上的性格からではなく、大正から昭和にかけての思想史的なコンテキスト、明治の生んだ「西田哲学」的な思考から切れた地点から出発したはずの、大正以後の新しい思想史の流れからうかがわれる、現在至上的な意識の発生史である。これは結局、歴史的思考の衰退、没却といった、ある転落の歩みの末に語られるものだ。

そこで、以下ではまず、大正から昭和に至る、ある種ポスト西田的な思想史の流れが超因果的な現在を発見する典型的過程を、伊福部《いふくべ》隆彦《たかひこ》を例にとり、「中今」到達前史の一般的説明に相当するものとして示すことにする。そして次に、到達前史の特殊的説明として、「西田哲学」独自の関心からよって来たる時間意識の展開を述べてみたい。その後に、こうした現在至上への志向の「神話」化をはかる、山田《やまだ》孝雄《よしお》の日本主義的「中今」論と、「俗流西田主義」の代表としての高山岩男の「事実主義」に触れ、最後には、かくなる末に出現する「中今」状況に対する、ひとつの異化の試みとして、長谷川如是閑の「日本的性格」論を取り上げたい。

2 「老子伊福部教」

時代の典型としての伊福部隆彦

ポスト明治思想史のコンテキストから、現在至上的な時代感情があらわれ、「中今」を準備してゆく。そういう経緯は、如何に説明されるだろうか。それは歴史的思考の衰退史として語られるものであり、その端的によってきたるところは、「転向」、二・二六事件、日支事変となるだろう。とりあえずそこまでの流れを整理しておけば、次のごとくになるだろう。

まず大正期。明治思想史の最後尾に位置する西田幾多郎が、後述するようにその哲学的出発を「純粋経験」という具体的な「経験」に置いた点で「前近代的」な「実在論」の立場にこだわったとすれば、大正世代は、そこから身を引き剥がし、現実の混沌に対する「理論」、「抽象」、「観念」の優位を実現し、それによって世界を再構成、再構築してゆく態度、つまり「近代的思考」の確立を課題としていた。それは、大正末から昭和初期においての、「文学」、「理想」に対する「科学」の優位、「マルクス主義」の優位へとつながるのだが、そこでは結局、この大正世代の、明治的な思考態度からの離れかたの甘さが、すべての禍根として強調されてくるだろう。

ともあれ、この「理論」への目覚めの意識は、対社会的レベルにおいては、独自に分析、想定された、観念としての未来に依拠し過去と現実を清算しようとする左翼と、その反動もあって極度に理念化された過去に依拠し、現実と未来を更生させようとする右翼とに分極化する。しかし、左翼の理論的結晶である「三二年テーゼ」は、「昭和八年度の流行物」と言われた「転向」によって崩壊し、右翼の希望の理論であった『日本改造法案大綱』は、昭和一一年の二・二六事件の失敗で影を薄くする。ここに左右の支えとなった未来と過去は、もはや内的にも外的にも無力化し、残るは「事変」を戦い、刻一刻とあり続ける現在のみとなる。理論の崩壊により立脚点を失った意識は、それでも「国内亡命」を避け、現実にコミットしようとする限りは、この残る現在にしか依拠のしどころがない。そうした意識の行き先は、理論の崩壊後もおのれが存在し続け、日々行なっている、「目の前にあるもの」としての生活に対する信仰、あるがままの現在の絶対化と、その新たな理論化に集約される。この段階で、生活や経験、日々の具体的生に初発点をもつ「西田哲学」が、時代の担い手としてあらためて期待されることになる。

こうした思想史的な流れは、講壇哲学から大衆文化に至る、あらゆる領域から具体的に検証されねばならないだろうが、ここではそれだけの余裕もない。そこで、とりあえずその作業を、伊福部隆彦なる一思想家の遍歴を紹介し、それをひとつの典型、時代の一断面図とするにとどめたい。なぜ、名もなき思想家、伊福部を取り上げるかといえば、かれの歩みが、「文学」→「科学」→「生活」（現在ありのまま）という、時代の典型をゆくコースを、一応しっかりとたどっており、ごく平凡な知識人の目から（ただし伊福部の立場は「右より」である）、いかに時流が把持されていたかを通観するに適当なサンプルであるうえに、特にその思想の最終的到達点が、超因果的な現在の発見を、ほとんど喜劇じみたラディカルさをもってユニークに示すことにより、昭和一〇年代の思想状況の、ある一面において忠実かつ独特な鏡の役割を果たしている点で、ここで扱うのに恰好と思われるからである。

生田長江に学ぶ

伊福部隆彦は、一八九八年（明治三一年）五月二一日、鳥取県に生まれた。その家は、古代豪族以来の血筋であり、因幡国《いなばのくに》の一宮、宇倍《うべ》神社《じんじゃ》の神官を長くつとめた名家であった。だが、かれは伊福部家では傍流であり、しかも本家も没落したので、そこに生じたであろうさまざまな屈折した思いが、とりわけ伝統に対する観念に多少なりとも影を落としたと考えられる[10]。

そんな出生の伊福部は、鳥取県教育会講習所を卒業後、地元で小学校教員となったが、「文学」に志を立て、一九二〇年（大正九年）、上京し、生田長江に師事する。伊福部の詩的理想家としての「文学」時代は、この師匠、生田の全面的影響下に展開されてゆく。

生田といえば、作家、文芸批評家から、「社会問題」の批評へと手をのばし、『資本論』の翻訳まで試みた、明治末から昭和初期にかけての代表的インテリのひとりである。大正末期にはかれは、日本近代の精神状況を、次のように把握していた。

生田によれば、日本の近代は、三期に分けて考えられる。第一は、維新以来の外来文化模倣期であり、つづく第二は、模倣の反作用としての狂熱的な愛国心の時代である。その愛国心も日露戦争の完遂によって燃えつき、その後の第三は、目標喪失の時代としての大正期となる。西洋流の「近代化」はいよいよ進展し、精神の内側には規範を欠いたエゴイズムがのさばり、自由競争と生活不安が、日本を危機に陥れる。何ゆえ、西洋流の近代化が時代を悪化させるかと言えば、近代に内在する西洋世界の一神教的志向が、人間を罪深い被造物と理解しているからである。そういう価値観を根底とする近代は、人間を、神性を欠いた存在として扱う他はないし、その結果、人間は低俗なエゴイズムにまみれた、社会機構の一部品にまで転落する。この克服のためには、人間の内部に、多神教的志向を回復させなくてはならない。人の中に神を見、神の中に人を見る。この東洋的人格の神髄を復権させる以外、近代のエゴイズムを破る道はない[11]。

生田長江（1916年）
（『日本現代文学全集46　生田長江・阿部次郎・倉田百三集』1967年　講談社）

「農村」の発見

伊福部は、この生田流の現代文明観を敷衍し、東洋的人格が今も息づく具体的な場として、農村にたどり着く。伊福部によれば、生田は「日本における最初の農本主義者」[12]であり、自身は「先生の思想を発展させ」た「新重農主義者」[13]となるのである。この立場から伊福部は、「重農主義」的文芸批評を展開してゆく。

かれの処女評論集、『現代芸術の破産』[14]は、一九二四年（大正一三年）の出版だが、そこでの主要な論点は、「原始芸術」イコール「農村芸術」の賛美と、「プロレタリア文学」批判との二点にまとめられる。

まず前者について。「原始芸術の本質」は、「何よりもそれが実生活と同一方向をもつてゐるところにある」。たとえば農村における豊作時の村芝居を考えてみると、「この芝居の観客は、この芝居にまでもその生活気分を高潮させた豊作を自らの経験としてもつてゐるところの村人でなければならない」し、「役者」も同様である[15]。しかるに近代は、この農業のもとでの生活と芸術の一体性を破壊した。「今日の社会に於ては全く生命的なものが虐殺されつつある。否、既に虐殺されつくした」[16]。そこにはぐくまれた「近代芸術」は、「ただ実生活の不快、苦痛等を忘れる為め」の反生命的な慰みにすぎぬものとして、否定されなくてはならない[17]。

続く後者の議論はもう少し興味深い。伊福部は言う。

われ等の生命の木は時間的には時代に根を下し、空間的には郷土に根を下し、心霊的には階級に根を下すのである。（中略）そしてここに誤解しては成らないのは、この三つの根は異つたる三本の根ではなくて、一つの「生きる」といふ根の三つの側面にすぎないことである（伊福部隆彦『現代芸術の破産』）[18]。

マルクス主義とプロレタリア文学は、たしかに時代と階級とはとらえている。だがそれは、「郷土」の側面の欠落によって、「抽象的な、空疎な叫び」に終わるしかない。

試みに、今日工場に働く労働者をつれ来つて見よ。その殆どは、彼等が日々使用してゐる工場内の機械の油よりも深く、農民らしい泥土をその手足の爪の間にもつてゐるに違ひない。（中略）従つてかかる無産階級をもつてゐるわが国に於けるプロレタリア文芸運動は、当然に農民芸術の運動であらねばならなかつたのである（伊福部隆彦『現代芸術の破産』）[19]。

この主張は、柳田国男の「古い情動の残留」を想起させるし、戦後の「転向論」のパターンを先取りしてもいるのだが、ともあれ、この二点から導かれる伊福部の結論は明快である。それは、都市人としてのプロレタリアートに世界の更新は不能と断じ、農民生活にこそ期待をかけるものであり、都市や商工業は一括して否定され、現代文明は、農村へ、土へと回帰しなくてはならないのである。

権藤成卿の弟子となる

次に伊福部は、この詩的理想の実践の必要に迫られ、一九二六年（大正一五年、昭和元年）、農民自治会の結成に参加する。これは、農民と知識人との共同戦線をめざす性格を有した団体で、著書『農民哀史』で知られる渋谷《しぶや》定輔《ていすけ》を中心人物とし、他にも平凡社創業者の下中弥三郎《しもなかやさぶろう》、無政府主義者の石《いし》川三四郎《かわさんしろう》、それに北海道出身の詩人で、のちに伊福部隆彦の親戚の作曲家、伊福部昭《いふくべあきら》と密接な関係を持つことになる更科源蔵《さらしなげんぞう》らが参加した。しかし、「当面の問題」、たとえば「生産米検査に対する不当な等級」の撤廃に関心のゆく農民側と、一気に「文明観の更新」をはかろうとする知識人側とでは、事が運ぼうはずもなく、たちまち機能しなくなってしまう。これにより、実践に限界を感じた伊福部ではあったが、「重農主義」の姿勢にはますます自信を深め、その主張をマルクス主義に対抗して科学化すべく、権藤成卿の一派に加わり、「都市の社会学的研究」を開始する。

権藤成卿は、第一章、第二章でもふれてきたように、右翼陣営の最大のユートピアンのひとりであり、その主張の根本は、徹底した自治主義と反官治主義におかれていた。人間の性、すなわち「民性」は、衣食住の安泰と性欲の満足を求める。その条件を充たすには近代国家機構のような大掛かりなものはまったく不要である。原始的自治村落のイメージの延長線上に思念される「社稷《しゃしょく》」共同体だけあればいい。その「社稷」を、人間個々に内在する道徳的な力にして秩序維持能力であるところの「自制」によって永遠に持続させてゆくこと。それが権藤の理想であった。

「都市の科学的研究」

それでは、この権藤イズムに共鳴した伊福部の「都市の科学的研究」は、どのような結論に達したのだろうか。その決算の書である『現代都市文化批判』（一九三三年）は、「近代」の象徴としての「現代都市」の滅亡と「農村」の復活とを、力強く予測している。伊福部によると、「都市権力者」の経済的搾取に支えられる「ブルジョワ都市」は、生産力の増大と多様な搾取形式の複合化とにより、「都市国家の都市」以来、「都市」の発展史が胚胎してきた諸々の危機的要素を飛躍的に拡大させた。もはや「現代都市の経済的基盤、それ自体が危殆に瀕してゐる」[20]。さらに「最近代になつてここに一つの全然新らしい機械様式が発生して来てゐる。それは実に電気動力機である。電気動力機は蒸気動力機のもつ長所を悉く具備しながら、しかもその文化様式的性質は全く反対」、つまり「集中性」ではなく「多く分散性」が有されている。電気を引けば田舎でも都会同様、電化生活の享受が可能なのである。これに加えて「交通機関、通信機関の発展」が「分散の不便」ともいうべき、古来、都市を発展せしめてきた大きな理由のひとつを消滅へと導いている[21]。これらの理由から、「近代都市は必然に没落」し、「これを最後として人間社会の都市形態、一切の中央集権が没落」する。

かくして「人類史の前史」はおわり、人類ははじめて過去のあらゆる村落の中に極めて断片的に或は古聖哲等の思想の中に蜃気楼的にあらはれたる理想的な自治村落社会をこの現実の歴史の中に見出し得る(伊福部隆彦『現代都市文化批判』)[22]。

これが、権藤を援護する伊福部の、都市に対する「科学的解答」であり、「理論化された重農主義」の結論である。その単純さを笑う人もあるかもしれないが、これもまた、同時代、ことごとく予測をはずし、また敗退しさった、「変革」のための「理論」のひとつと思えば、特にとがめだてする理由もないだろう。

「私の生活は、まことになつてゐなかつた」

倫理的かつ詩的な理想としての原始賛美から、理念化された過去をテコにした現在と未来との分析へ。こうして伊福部は、「文学」から「科学」へという時代の道筋を、それなりの仕方で歩んできた。そして「生活」の段階である。右翼陣営に近しかった伊福部にとっての理論的挫折、その「都市滅亡の科学的証明」の無効性の自覚は、やはり五・一五事件から二・二六事件の時期にもたらされたと考えられる。その転機を明確に示すのは、ちょうど西田の講演の年であり、また二・二六事件の翌年にして日支事変勃発の年にあたる一九三七年の、人生道場無為修道会設立である。伊福部は、たとえば『生活の開拓』（一九四〇年）において、「私の二三年前までの生活は、まことになつてゐなかつた」[23]と自己批判し、一種の私塾である人生道場で、云わば「現在教」、「生活教」を説くに至る。

伊福部隆彦『人生道場』
（1940年　壮年社）

> 腹立たしいことがあつても、悲しいことがあつても、それをなくする道は、その原因をきはめることではありません。人生にはその原因といふものはないのであります。あるのはただこの現実の一瞬だけであります。この現実の中にとび込むこと、これが最も重大事であります。過去といふ妄想と未来といふ妄想とからはなれて、この偉大な

る実在たる現実の大いなる流れの中に身を投ずるといふこと、そこに真実在の人生があるのであります（伊福部隆彦『生活の開拓』）[24]。

まさに絵に描いたような超因果化した現在への没入の主張であり、過去と未来は、もはや「妄想」として退けられる。ここで伊福部は、理想化された過去に根ざした自身の「重農主義」も、「東洋的観念主義」として放棄してしまう。こういう右翼の「転向」も、この時代は生みだしていたのである。

『老子』へ

そしてユニークなことに伊福部は、このような「現在教」の立場を、『老子』のまったく独自な解釈によって基礎づける。ここでなぜ『老子』が登場するのだろうか。それは伊福部にとって、たとえば「孔子派が人間の知性によつて人為的に文化を創造せんとした」のに対し、老子は「人間知性の限界を認識し、それを超えてこの宇宙の本体に直ちに合一してそこに文化をもたうとした」[25]思想家と考えられたからである。この孔子と老子との対比が、「科学」の挫折から「生活」即現在の積極的肯定に向かう時代の流れの簡潔な喩《たとえ》となっていることは、今さら指摘するまでもない。ともかくも伊福部独特の『老子』解釈の精髄は、その第一章の読み下しの仕方に、集約的に表現されている。

『老子』第一章、すなわち「道可道非常道」の六文字は、通例いかに解されているだろうか。たとえば小川環樹《おがわたまき》はこれを「みちのいうべきはつねのみちにあらず」と訓読している。この意味は、「『道』

が語りうるものであれば、それは不変の『道』ではない」[26]、「道」は語りえないものだけれども恒常不変の存在であるといった風になる。そして、この手の解釈が、『老子』第一章の常識的な理解であろう。けれど伊福部は、こういう常識を「甚だしい間違ひ」であるという。ではかれはなんと読み下したか。その『老子眼蔵』（一九四二年）にはこうある。「みちのみちたるべきはかはらざるのみちにあらず」。この意味となれば、「道の道たるべき則ちほんたうの道といふものは、常らざるの道ではない、絶対不変の固定した道ではない」[27]となる。「人類が絶対的な規範があり得るやうに思つて迷ひ出してから既に久しい」のだが、老子は、この迷蒙を破り、「絶対不変のものがあるといふ考へ方そのものを迄否定」[28]するがゆえに、数知れぬ不毛な理論によって疲弊した現代の、精神的救済者たるにふさわしい地位を得るに至ったわけだ。ここに、知識による作為、人為のさかしらごとのすべては否定され、「時々刻々千変万化極りない」「現実に存在するところのもの」を「眼前に認識」し続けることのみが問題となるのである。

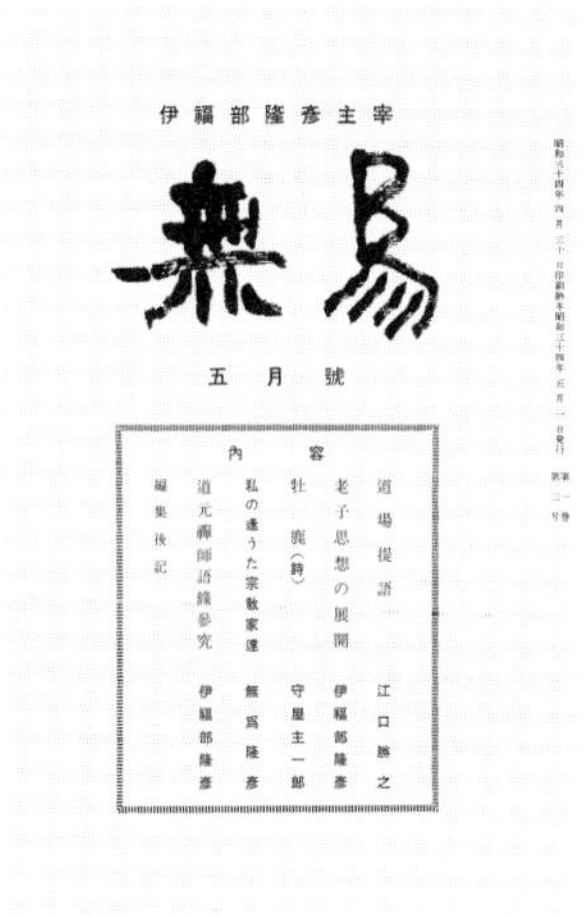

伊福部隆彦主宰雑誌『無為』
（1959年5月号）

こうした伊福部の『老子』理解は、通例の正反対をゆく創意豊かなものとして、よく記憶されねばなるまい。伊福部と親交の深かった国家社会主義者、津久井《つくい》龍雄《たつお》の言葉を借りれば、それは「老子伊福部教」[29]と呼ぶしかない不思議で特殊な代物である。だが、その解釈の真偽はここではどうでもよい。大切なのは、伊福部の「現在至上」的な時代感情への到達が、こんな『老子』解釈を生むに至ったという、知識社会学的な事実である。

『老子』も皇室も現実をそのままに肯定する

ところで伊福部は、『老子』を用いての現在の一種の絶対化の果てに、「日本民族の本性」を発見している。

伊福部隆彦『老子精髄』
（1941年　同文館出版部）

私の見るところを以てすれば、老子の道の真の体現は、わが日本民族であり、特に畏れ多い極みではありますけれども、わが皇室の御歴史を見ると、老子が理想として述べて来てゐるところを、実際に於て御体現になつて来てゐるのであります。事実私は、老子によつて、日本民族が如何に偉大なる玄道の体現者であり、無為に従ふ民族でありこれの主体がわが皇室にあることを知つたのであります（伊福部隆彦『老子精髄』）[30]。

ではいったい、「日本民族の未だ意識せずにゐた自らの文化思想そのもの」、「日本民族」が「三千年来、実践して来たところの生活の事実」が『老子』にあるとは、なにをもって言われるのか。伊福部によれば、それは、「日本民族の生活」が、「実践的にすべてのものを直観的に見る、そしてその結果は、この現実を、そのまゝに肯定し、そこから一切のものを出発させる、かんながら、そのもの」[31]であり、その意味で、特定の理論には決して支配されないからである。

かくして、「科学」による現在の対象化と克服の失敗の後にあらわれた、現在の優位という観念は、「日本精神論」のある一面をクローズ・アップし、それを強力な神話に仕立てることによって、超因果的な現在を、そのまま永遠の避難所と化そうとする。ここに登場する、時代の呼びよせたひとつの幻像が、「日本精神論」の術語としての「中今」に他ならない。

だが、結論に向かう前に、日本近代の精神史が「中今」に至るもうひとつの道筋として、明治思想の精華、「西田哲学」を眺めておこう。「西田哲学」は、象徴的には一九三七年の西田自身の講演で、ポスト明治の思想史の果てに生まれた現在至上的意識と「中今」とに、相まみえ、結びつくことになる。

3 西田幾多郎の「慰安の途」

脱「過程性の思考」願望

一八七〇年（明治三年）生まれだから、たとえば権藤成卿よりも二つ年下になる西田幾多郎は、一九三七年（昭和一二年）一〇月九日、日比谷公会堂で催された日本諸学振興会の哲学公開講演会に、「学問的方法」という演題で登場した。このときの他の講演者は、インド哲学研究の重鎮、高楠順次郎《たかくすじゅんじろう》と、第一章で瞥見した『永遠之戦』の鹿子木員信であった。そこで西田は、本章のキイ・ワード

「中今」に言及し、それを「絶対矛盾的自己同一」の時間論から説明しようとしている。

なぜ西田は、「中今」なる言葉に注目したのだろうか。それは、「中今」に、自身の思想の根本モティーフと相触れるものを認め、その上で西田流の「中今」解釈を示す必要を感じたからだろう。

では、「西田哲学」の根本モティーフとは一体何か。ここに「過程性の思考」の克服という観点が浮上するのだが、それを示すには、『国文学史講話』の序」(一九〇八年)の、悲劇的な調子からはじめるのが適当であろう。

曰く「悲哀」、「沈痛」、「後悔」、「断腸の思い」、「泣いた」、「人生の常事であっても、悲しいことは悲しい」[32]……。ここで述べられているのは、もっぱら身内の人々との死別の悲しさである。さらに言えば、西田の前半生は、家の没落、四高中退事件、東京での惨めな選科生生活、家庭内の不和と、苦難の連続であり、それは、明治国家体制内の選良たろうとしてなりえぬ精神的苦境の歴史、より大袈裟に言えば、近代人の疎外を一身に担ったかのような悲哀感に苛まれた歴史以外の何ものでもなかった。

ここでまず通常ならば、「悲哀」としての過去や現在からの脱出、そのための理想、目標の設定へと思考は展開するだろう。先に述べた歴史に依拠する思考は、こうした態度の当然の帰結として、現実の変革や改善といったかたちであらわれてくる。

しかし、西田はここに疑義を呈した。人間の「悲哀」が単に克服されるべきネガティヴなものなら、「悲哀」にしか生きられない絶対多数の人間の人生とは一体何であるのか。社会進化論にせよ、ヘーゲル哲学にせよ、マルクス主義にせよ、そこには、ある種の理想的最終的完成が想定されている。となると、その前段階にある個々の生はどうなるのか。それが単に、歴史の進展のプロセスが中途で必要とする、結局は虫けらのように捨て去られるネガティヴな存在というのなら、そんな思想は、人間の生の賦活には寄与せぬだろう。「悲哀」から何か別のものへという思想形態、言わば変革や改善への「過程性の思考」にとらわれる限り、人間は、その生の各々、一瞬々々をつねに有意に把握してゆく姿勢から、目を背けさせられてしまう。

西田は、生即「悲哀」の認識にたち、そこ自体に有意性を発見してゆかなくては、思想の存在理由はないと考えたのである。その哲学的営為は、はじめから「過程性の思考」の克服を課題としたと言ってよいだろう。

「『国文学史講話』の序」で、西田は述べる。「親が子の死を悲むといふ如きやる瀬なき悲哀悔恨は、おのづから人心を転じて、何等かの慰安の途を求めしめるのである」[33]。「悲哀」を「悲哀」として単に克服の対象としたとき、人間は真実の姿をすでに失っている。「悲哀」を突き詰めれば、「悲哀」そのものの中に「慰安の途」があらわれてくる。「悲哀」と「慰安」は実は一体である。「過程性の思考」の克服は、このような考えかたによってこそ果たされねばならない。

「過程」を脱する「純粋経験」

すると、「悲哀」の根底にある「慰安の途」とはどのようなものか。それは、いかなる「悲哀」克服のための「過程性」も生みだす必要のない、自己充足的なもの、人間の生の真実の姿、つまりは「真実在」となる。それがわれわれの生自体に埋めこまれていなくてはならない。「西田哲学」の基本

西田幾多郎（1943年）
（竹内良知『西田幾多郎』1970年　東京大学出版会）

的課題は、それに定式を与えることである。そしてその最初の解答の書が、『善の研究』（一九一一年）なのであった。

ここで西田が、「慰安の途」の真実の姿として提出したのは、「純粋経験」という概念である。「純粋経験」には主客の分裂もなく、知性と感性との分離もない。そこでおのれは、おのれの内的経験において、現実世界を超越する。

ここに、人間一般の「悲哀」、さらに主客分裂に苦しみ、充実した世界から切り離されてある「近代人」の「悲哀」は、みごと解消されてしまう。「我々はこの内面的再生に於て直に神を見」、「ここに自己の真生命を見出し無限の力を感ずる」[34]のである。

といって「純粋経験」は、何か特殊神秘的な経験ばかりから説明されるのではない。それは、「例へば技芸を習ふ場合に、始は意識的であつた事も之に熟するに従つて無意識」[35]、すなわち「純粋経験」となるというごとくに用いられる。そして、この「純粋経験」の理想型として示されるのが、主客未だ定かならぬカオスの中に、ある種の統一をみいだしているはずの「初生児の経験」であり、「ゲーテが夢の中で直覚的に詩を作つたといふ如き」天才の経験である[36]。

ところで、いうまでもなく、この「純粋経験」にあっては、時間は現在あるがままにしか経験されない。過去も未来も未だ定かならない、あるいはそうした区分けを超越した現在そのものの中にあるときこそ、人間の真実があり、人間は「神」を見る。現在はそれ自体で生の正しい姿となり、それを相対化し、歴史化するような、いかなる時間意識も消えてしまう。したがって、ここには現在だけによる、完全な充足が達成されるのである。

「悲哀」を欠く「純粋経験」

だが、人間が現実界にとどまるかぎり、西田のいう「純粋経験」が生涯にわたって持続される場合など、通常考えにくいだろう。「悲哀」を「慰安」に転化するための、七転八倒の思索の道程、その果ての「真実在」として「純粋経験」が発見される。だが、まさかずっと無心では生きられない。そこで人間は、必ず「非真実在」の世界に放逐され、そして再び、「真実在」の世界をめざしてゆく。『善の研究』の描く人生行路は、不可避的にこの円環を形成してしまう。この円環上から少し距離をおいた両極点には、主客不分明な赤子と、主客を止揚した天才とがほほえんでいる。この、かたやなかなか戻れず、かたやなかなか至れない両極を見ながら、人間は、「悲哀」を背負って円環上を流離流浪し、束の間の「真実在」との出会いに希望を知る。ここに「現在」のみの充足は、非日常の論理、あるいは日常の束の間の論理にとどまり、よって、「過程性」のトータルな克服は達成できない。そこには、依然、円環化したプロセスが残ってしまう。

このプロセスを克服し、当初のモティーフを達成するためには、「純粋経験」のあらゆる時への遍在性をいうごとき時間の一般論を構築して、「真実在」の時間と「非真実在」の時間との実体的な対立を、一なる「現在」としての時間の内に解消せねばならぬだろう。そもそも「悲哀」の底に共時的に見られるべき「真実在」を、それ自体として単独に現れる「純粋経験」において把握したとき、西田は、「『国文学史講話』の序」の立場を、自ら裏切っていたのである。この観点からすれば、以後の「西田哲学」の展開は、円環のプロセスを詰め、思考の原点に回帰するための努力の足跡として理解できる。

「悲哀」を込みにする「絶対矛盾的自己同一」

話を先の講演に戻そう。なぜなら、この講演で説明される「絶対矛盾的自己同一」の時間論こそ、「過程性」克服の最終到達点、「『国文学史講話』の序」への回帰のための最後の解答とみなせるからである。西田は述べている。

時といふものは単に過去から未来へ直線的に動き行くものではない。それだけでは時の自己同一はない。時は直線的なると共に円環的でなければならない。時の背後に空間的なものがなければならない。時は現在が現在自身を限定すると云ふことから成立するのである。現在が現在自身を限定すると云ふことは、過去と未来とが現在に於て結合し、絶対に結び附かないものが結び附くが故に矛盾的自己同一として、作られたものから作るものへと動いて行く。そこに時といふものがあるのである（西田幾多郎『学問的方法』）[37]。

ここにおいて、先の円環のプロセスは、「絶対矛盾的自己同一」としての瞬間の中に、きわめてソフィスティケートされ、圧縮されていると考えられよう。過去は無限に広がり、また未来も無限に広がっている。両者は無限であり、その相反する意味において、「絶対に結び附かないもの」である。しかしこの両者はなぜ認知されるのか。無限の過去と未来とが「絶対に結び附かないもの」として認識されるのは、主体が世界にその存在を限定され、生きた認識主体として定立される現在においてのみであり、その現在でこそ、無限の過去と未来とが出会っている。これを換言すれば、現在にすべての時間が含みこまれているのである。かくしてここに、「絶対に結び附かないもの」が結合してしまう。これは矛盾であり、この矛盾によって現在は、はじめて現在たりうるのだ。

「西田哲学」の出発点を「悲哀」に見る立場からすれば、この矛盾が、人間の「悲哀」の、抽象化された時間論における表現だと推察されよう。ここでいう現在は、すべての時間を含むことによって即永遠であるのだから、そこに矛盾が宿るなら、それすなわち悲哀の永遠を意味する。ならば、それを克服する「純粋経験」のモティーフはどうなったか。

西田によれば、じつは「悲哀」の永遠は、そのまま「悲哀」を克服するものの永遠をも意味するのである。矛盾はそれが自覚されてこそ矛盾であり、それを自覚することは、「絶対に結び附かない多」のなす矛盾を「同一化」する「一」、つまりは「純粋経験」、「慰安の途」に相当するものが根底にあることである。そうでなくては、矛盾は矛盾として自覚もされないはずである。「絶対矛盾的自己同一」としての現在は、この「一」なるもの、つまり、すべての矛盾を取り払うものを矛盾の根底にもつことによって、はじめて成り立つ。これがいわゆる「逆対応」の論理であり、ここに西田は、「『国文学史講話』の序」の地点に、より洗練された用語によりつつ回帰し、「過程性」の克服にひとつの結論を与えたと言うことができるだろう。

「悲哀」の込みになった思想はファシズムにはなれない

こうして西田は、この「絶対矛盾的自己同一」の時間論をもって、早速、この時代に表面化した「中今」なる語に言及する。

現実即絶対と云はれる。この語は実に誤解せられ易い。それを唯何等の努力もなく、唯普通に人の考へる如き意味に於て現在そのままが絶対といふ如く考へるならば、大なる誤である。又さういふ風に考へるならば、理性的なるものの単なる否定に外ならない。併し始にも云つた如く、時といふものを絶対矛盾の自己同一といふ様に考へるならば、そこに深い哲学的・宗教的意義を見出し得るであらう。近頃「中今」といふ如き語を耳にするが（宣命にあるその語は単に今といふ義であると云ふが）、若しさういふ語を以て日本精神を特徴づけるならば、かかる時の考へ方によらねばならないのではなからうか（西田幾多郎『学問的方法』）[38]。

西田の到達点からすれば、現在至上的な時間感覚とは、矛盾と「悲哀」の徹底した自覚の根底でこそ有意味化される。放埒な現在の何の葛藤もない全面化という、単純な意味での「現在」の自己充足化は、単なる虚偽の時間感覚、無意味な刹那主義でしかない。

このように、「西田哲学」は、その独自の関心により、ありうべきひとつの「現在至上」的な意識像を描出し、時代に提出した。西田の「現在」にすべてを解消しようとする理論は、「悲哀」、「矛盾」と云った受苦的なものが前提となり、その根底に充足をみいだす二義的な構造をとるゆえ、現在あるがままの積極的肯定、ひいてはファシズム的な「現在」への「エラン」をともなった没入とは、あくまで質的に異なると考えられるべきであろう。さらに「西田哲学」は、「個」と「類」の連携に専心する哲学であることにより、また、国家・社会への思考が稀薄であり、円環的思考法の自己完結性に由来する、他者の論理、責任の論理の不在により、現実社会に対する突き詰めた問いの形式を発見できないとも言えるだろう。したがって、「西田哲学」が時局に対し、肯定的にせよ否定的にせよ、ともかくリアルに具体的にコミットするような事態は考えにくいのである。

それでも「西田哲学」は「中今」を導く

しかし、といって、現在即永遠というモティーフ、「過程性」の克服の意識において、「西田哲学」が「中今」的な時代感情を一面で準備し、またそれに棹さす位置にあった点を強調しないわけにもゆかない。そして、実際として、西田自身も一九四〇年の『日本文化の問題』では、「皇室は此等の主体的なるものを超越して、全体的一と個別的多との矛盾的自己同一として自己自身を限定する世界の位置にあつた」[39]と書いて、「皇室」を現実世界の限定的存在を超越した「無の場所」、矛盾の根底にあるものに擬し、「絶対矛盾的自己同一」の論理、西田的な現在至上主義的論理を、日本の現実に直截に適用しようと試みているのである。

マンハイムは、ファシズムと並ぶ「歴史的なものに対する大きな敵対者」として、「神秘主義者が語ったあの超歴史的なもの」[40]をあげている。たしかに同時代に大きな影響力を誇った「西田哲学」

は、この「超歴史的なもの」の担い手として、「中今」的な時間感覚を導く有力な源泉であったといえるだろう。しかし、それはあくまで、個の永遠の悲哀と矛盾との原理に立脚することによって現在の状況あるがままの徹底した肯定とは、次元を異にするはずのものでもある。この距離の無化を果たすのは、続く「俗流西田主義」の仕事となる。

4　「俗流西田主義」

山田孝雄の「今はその中に永遠を含む」

おそらく一九三七年の前後に、現在は一応の勝利を収め、歴史的思考は終焉へと向かった。ここでこの現在のみの時間感覚を擁護し、それを超歴史的に正当化すべく、「日本精神論」の立場から提出されたのが、「中今」という言葉である。

「中今」は、すでに述べたように、文武天皇即位の宣命等を出典とするのだが、この「中今」をもって日本人の時間感覚の根本とし、永遠に充足する現在のための「神話」を提示した代表的イデオローグとしては、誰よりもまず、一八七三年（明治六年）生まれの山田孝雄の名があげられるであろう。山田は、名著『桜史』などを残した国語学者・国文学者であるが、一九一〇年（明治四三年）の『大日本国体概論』で、すでに「中今」の「重大性」を「発見」し、これに多くを割いて論じている。

「中今《なかいま》」といへる語、これ実に看過すべからざるものにして、吾人が之を以て日本民族の人生観を知らず識らずの間に暴露せる貴重なる語なりとなすなり（山田孝雄『大日本国体概論』）41。

しかし、このあとに続く山田の「中今」解釈は、いかにも明治的な「改善的人世観」にウェイトを置いたものになっている。つまり、ひたすらな「上昇」を希求する近代的歴史観が、日本には古代から有されていた事実の証明が、「中今」なる語にみいだされるという主張である。

だが昭和期には、山田はその名も『肇国の精神』（一九四〇年）で、「中今」解釈をひとつのありうべき極端へと押し進めている。

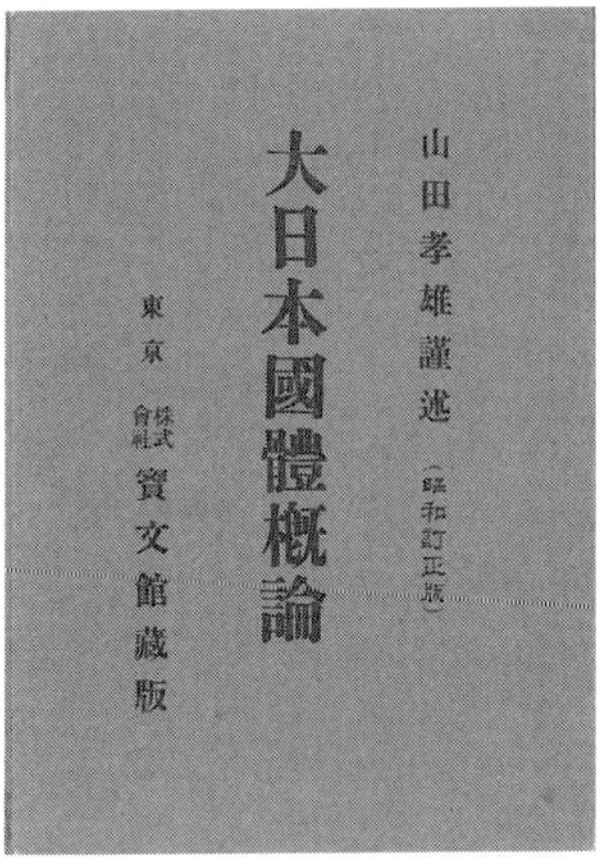

山田孝雄『大日本国体概論』
（1928年　宝文館　昭和訂正版）

「中今」といふ語は、現在を過去と未来との中と観ずるものであるが、これは時そのものを永遠の存在と観ずる思想が根柢をなしてゐて、しかも時間の現実性を「今」によりて認むる思想である。即ちこれは永遠そのものを閾下に有しつつ現在を現してゐる語である。（中略）中今の「今」はその中に永遠を含む（山田孝雄『肇国の精神』）42。

こうして現在は、つねに日本をそのものにおいて担い、そこではありのままが、つねに同質的な充足をもたらす永遠のレベルへの直結を約束する。そしてこの永遠は、「神国の自覚を有し、血族的一団に基づく愛を力の源とする一の精神」[43]に置換されてしまう。理論を喪失し、指針を見失い、生成流転する現在に身をよせるしかなくなった人々は、現在のみの感覚を、「日本精神論」的なひとつの「神話」によって超歴史的に正当化する道をここに発見する。山田は述べる。

山田孝雄
（『山田孝雄年譜』1958年　宝文館）

> かくして億兆心を一にして天皇の大御業を翼賛し奉りつつ一日も息まぬところに天壌無窮の皇運が展開しつつ進むのである。まことにこの「中今」の精神あつてこそ、我が国が永遠の生命を有し、永遠に発展することも深い根柢を得るのである。我が歴史は永遠そのものが「今」といふ形に於てあらはる所の展開であり、我が歴史の根柢にはいつもその永遠そのものが不断の生命を以て流れてゐる（山田孝雄『肇国の精神』）[44]。

山田にあっては、ここに見えるとおり、「そのもの」への志向が大きな役割を果たしている。理論、観念の介在による現在の対象化を拒否する「そのもの」への志向は、「西田哲学」のみならぬ時代の大きな傾向であり、そこには無論、マルクス主義的革命論や右翼的国家改造論への反発、またそれらの挫折後の思惟形態のひとつの行方が示されている。そして、こうした全面的「中今」化への志向が「西田哲学」の俗流化を推進し、「中今」的な時代感情を強力に援護するさらなる「神話」として、「事実主義」なる態度を生むに至るのである。次に、この「事実主義」の特質を、この時代の「田辺哲学」の到達点との比較から、考えたい。

田辺元の修繕補修の哲学

さて、昭和一〇年代の思想状況を観ずると、その複雑怪奇な混乱の中に、「矛盾」の根底に「永遠の今」をみいだす「西田哲学」を挟んで、二つの相対立する流れが認められる。

そのひとつは、もはや「現在」の対象化をあきらめ、その意味での「歴史」的思考を放棄して、「現在」に没入しつつもその内側で、何らかの「理論」的な立場を樹立しようとする、かなり奇怪なアプローチである。たとえば、一八八五年（明治一八年）に生まれた哲学者、田辺元は、『歴史的現実』（一九四〇年）において、こう語っている。

講演する田辺元（1942年5月）
（『田辺元全集』第7巻　1963年　筑摩書房）

> 日本の国家を考へて見ると、（中略）国家の統制と個人の自発性とが直接に結合統一さ

れて居る、（中略）さういふ国家の理念を御体現あらせられるのが天皇であると御解釈申上げてよろしいのではないかと存じます。（中略）これは単なる当為や理想ではなく、日本の国家が現実自分の中に実現して居る所である。併し統一には常に壊れて行く面がある。そこで常にこの統一が壊れない様に新に之を進めるのが当為であり、我々の努力せねばならぬ所である（田辺元『歴史的現実』）[45]。

存在即当為であるところの「中今」的現実の中にいったん没してしまえば、歴史的思考、現在を対象化してゆく態度は成立の余地がない。そこで田辺は、この完結した世界に突破口を開くため、存在即当為はもう今に「実現」されているのだが、そうした一種完全なるものの持続は現実世界では困難であり、不断に「壊れて行く面」がなくてはならぬと考えた。ここに、「中今」状況内での現在の対象化という、危うい可能性が開けてくる。つまり、「中今」の「壊れ」ゆく箇所を理論的に認識し、それを不断に修繕することにのみ、歴史的思考は存続を許されるのである。ここでの歴史的思考は、あくまでありのままに充足すべき現在を修繕し続ける道具なのだから、現在の打破を目指す本来の性格を喪失し、すっかり奇形化しているといってよいだろう。

高山岩男の「歴史の超克」

次に、これに対するもうひとつの流れだが、それこそが「俗流西田主義」とでも呼ぶべきものである。この立場は、たとえば田辺元による「普遍と個別との観想的同一性に立脚する自同性原理」[46]としての西田哲学克服の試み、そこに生まれた「壊れ」を補修する努力の原理を、マルクス主義と右翼的改造論とにおいて高揚した理論への志向の残滓とみなしているようだ。もはや近代的主体が築いてゆくものとしての歴史が終焉し、ありのままで即充足的な現在しかないのなら、そこには努力も何も必要とされはしない。「中今」の中でもあがこうとする理論への志向に対する最後の鉄槌、それが「俗流西田主義」の時代的役割である。

かくして「俗流西田主義」は、矛盾の根底に充足をみいだす「絶対矛盾的自己同一」のひとつの屈折を経た境地よりも、理性と事実との現実における完全な合一という、「純粋経験」的なものにより依拠して、「中今」の積極的、現実的な支持をはかる。「近代の超克」ならぬ「歴史の超克」として「中今」状況にあっては、あるがままの日本の現実にしたがいそこに賭ける以外、なんの選択肢も残ってはいない。ここに生まれる「事実主義」の提唱者こそ、西田幾多郎の愛弟子、高山岩男《こうやまいわお》である。

高山岩男（1935年ごろ）
（花澤秀文『高山岩男』1999年　人文書院）

「事実主義」の思想

高山岩男は、一九〇五年（明治三八年）、山形県に生まれ、京都帝国大学で西田幾多郎に学び、特にヘーゲルを研究した。そんな彼は、時局に鑑《かんが》み、「日本文化の特性」の確定のため、一九三八年春の京都帝国大学での「月曜講義」を皮切りに、「文化類型学」の名のもとで一連の研究を公けにしはじめる。この「文化類型学」とは、「種々の

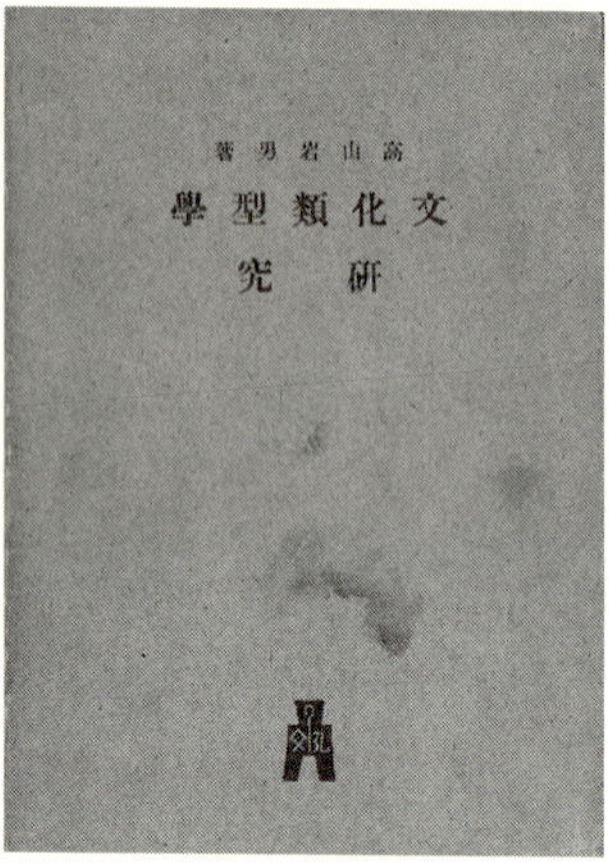

高山岩男『文化類型学研究』
（1941年　弘文堂書房）

民族文化をその特性において把握」し、「それらとの対比から」日本的なるものの正体を明らかにしようとする比較文化論の試み[47]であり、おそらくそこには、和辻哲郎の『風土』（一九三五年）が、大きな刺激を与えていたのだろう。

この比較の作業から、高山が結局、「日本精神史を一貫してその随所に見出され」、「日本精神の顕著な特性」を示す、「超歴史」的な性格として把握したのが、「事実主義」と呼ばれる態度である。高山によれば、「事実主義」は、特にヨーロッパに見られる「理性主義」の対極に立つものだ。「理性主義」が、「理性とか、性理とか、天命とか、ロゴスとか、法とか」いう「理を絶対永遠のもの」とするのに対し、「事実主義の精神」は、「事実の中に理論をもつては捉へ得ない深い意義を見出」すものであり、「事実に絶対的永遠的なものを見、また事実に生活行動の究極原理をおく精神」[48]である。その大きな根拠は、「天孫降臨の神勅に表現された肇国の事実」を「史観の根本」とするところにある。「肇国の事実」とは、「唯一の事実であり一回限りの事実であるが、それは単に過去の事実ではなく、同時に永遠の事実であり、今の事実」、「即ち絶対の事実」である[49]。こうした高山の見解は、当然、「中今」的な時間感覚をおのれに相応しいものと想定している。

現実の事実は端的に絶対的なものである。動かすべからざる絶対なものは、この我が立つ現在の事実である。この現在の事実は永遠を孕んでゐる。事実は常に「永遠の今」に立つてゐる（高山岩男『文化類型学研究』）[50]。

そこでは、あるがまま、やるがままに、「絶対」的かつ充足的な現実が永久に具現することのみが期待されており、「事実」の質の問題などは、「理性主義」的なテーマとして顧みられない。まさに「事実そのもの」の中に、なんの「理性主義」的な「言挙げ」の要もなく、「理」は込みになっているのであり、「事実」は「真理」を含んで現前し続けるのである。この意味で、「事実主義」は、「理論」の挫折の後の、一種の思想的真空状況が生んだ、究極的な「賭けの神話」と呼べるだろう。西田の「逆対応」のように、「理論」の果てたところにこそ、真実の「理」があらねばならないので、その結果、日本はつねにありのままで正しいのである。もしそうでなければ、ポスト歴史以後の日本は、単に何もない場所になってしまう。

もうそこに「悲哀」や「矛盾」はない

ところで高山は、このように解された「事実」は、フィヒテのいう「事行《じこう》」に相当すると主張している[51]。「事行」といえば、人は、西田の『自覚に於ける直観と反省』（一九一七年）を想起するだろう。そこで西田は、「直観」と「反省」を「事行」のもとで相即的に説明することで、一種の主客合一の認識論を展開し、「純粋経験」の適用時間の拡大化に一歩を踏みだしたのだったが、高山は同じ

「事行」の論理を現実歴史に拡張し、「事実」をあっさり「永遠」の自己充足に結びつけて、「中今」即「純粋経験」のイメージを正当化してゆく「論理」を提示したのである。ここにはもはや、悲哀や矛盾の受苦性など認められはしない。それはつまり、「西田哲学」自体が内に保ちながらも、悲哀や矛盾をつねに対応物とすることで決して赤裸々には表現しなかった主客合一の歓喜の境地が、全面的に解放されたのだとも言えるだろう。「中今」の時代の落とし子としての「俗流西田主義」は、こうしてここに極まったのである。

5 長谷川如是閑のプラグマティズム

「中今」は突破できるか

「現在至上」に向かう意識は、それを正当化するために、とりあえず「日本精神論」から都合のよい部分を引きだしてくる。改造右翼の唱えた現状否認的な「真実の日本論」(たとえばラディカルな農本主義や「君側の奸」排除の熱情)にかわって、ありのままの「今」を尊ぶ伝統的意識が総動員される。「中今」と「事実主義」とは、「肇国の事実性」という「神話」的知識によって、「目の前にあるもの」、「そのもの」へと傾斜するしかないような時代感情を「超歴史」化してしまう。現在は徹底的に絶対化され、そこではつぎつぎと継起する事実がそのまま真理であり、理性的でなければならなくなる。

もはやここには、時代を導く理論も、思いだされるべき理念も必要とされはしない。「西田哲学」は悲哀の影を引きずってはいるものの、それだけでは「中今」とは違った何かを示せるわけでなく、「事実主義」に吸収されて俗流化する。また、「田辺哲学」は、完全な「中今」状況の現実化に疑義を残す面において意地を示すが、とにかく破れ目はありながらも、「中今」状況は確かに現実の日本に現前しており、理論志向の残滓により破れ目を繕うのが当為であると考えることで、「中今」の親しい友人となる。

このように、理論が無力化し、現在を相対化する道が閉ざされている状況があるなら、そこからの出口をみいだすために、如何なる方向が考えられるだろうか。当時、こうした状況認識に立ち、戦略的に議論を展開していたと考えられる思想家として、ここでは長谷川如是閑の名を挙げたい。結論を先取りすれば、如是閑は、現在至上的な意識の正当性に他とは違った根拠を与え、その根拠の現状での不成立を強調することで、真の「中今」の実現はこれからと論じ、「中今」的な時代状況の、ある種の異化をはかったのである。かくなる論脈を追うために、如是閑が、左翼の「転向」を受け、ポスト「転向」の時代的課題として、特に昭和一〇年代に一貫して取り組んだ「日本的性格」論から見てゆきたい。

長谷川如是閑（1929年1月）
（『長谷川如是閑選集』第2巻 1969年 栗田出版会）

長谷川如是閑の「実在主義」

一八七五年（明治八年）生まれで、敗戦の年に古希を迎えることになる長谷川如是閑は、戦時期に「実在主義」を説き、たとえば『続日本的性格』（一九四二年）において、次のように述べている。

日本人の倫理性を単に学問的の、または思想的の、観念形態からのみ見ることは、実は日本的倫理性を正しく認識する道であるとは言われないのである。日本人の倫理的性格の特徴は、日本国民の歴史や国民生活の現実やに、具体的に示されている、国民的の心意の、また行動の形態そのものにこれを求めなければならないのである（長谷川如是閑『続日本的性格』）52。

また、やはり一九四二年のある座談会では、「聖人の理屈は立派なものだが」、そもそも「理屈」に頼るような「歴史」は「なつて居ない」と語り、日本の「歴史精神」の特色として「総て日本の歴史が正しく働いて居るぞといふところに自信を持つて、理屈ではいはないで、歴史を出しさへすればいいといふ態度」を指摘している。そして話は続く。

日本人の根本的な態度、それが所謂本格的な伝統だ。伝統といふのはさういふ風に私は見るのです。理屈でいはないで歴史で示すといふのが伝統だ。その本格的なものの発見といふことが、新文化の創造といふことにも肝要ぢやないかと思ふ（座談会「新文化の創造」）53。

ここで言われる「歴史」とは、もちろん理論的な史観に基づき、事実をある方向に再構成した歴史ではなく、事実そのものの積み重ねとしての、あるがままの歴史ということであろう。となると一見これは、高山岩男の「事実主義」などと類似した見解のようにも思われる。だが、高山の「事実主義」と如是閑のいう「実在主義」的傾向との間には、根本に大きな相違があるのもたしかだ。

「かた」と「直観」

先述のように、高山の「事実主義」は山田孝雄同様、現在の事実を「肇国の事実」なる形而上学的な神話との一体性へと弁証することで、あらゆる「事実」を「超歴史」化し、現在を永遠化して、そこに生きる人々を喜ばしくも定位しようとするものであった。これに対して如是閑の場合は、事実が事実そのままに歴史を正しく働かせ、「日本的性格」を日々形成してゆくには、「それが元来、直観的に与えられるものゆえ、生活の形態そのものが、直観的に日本的の教養を与える性質のものでなければならない」[54]のであって、形而上学的な理由など何の役割も果たさない。つまり、「生活形態による日本的教養の問題は、総括的に考え、または実行さるべきものではないのであって、実は、われわれ日本国民の現に持っている生活の諸形態の一つ一つにおいて、考慮され、実行されねばならない」[55]、日々のすこぶる具体的な問題なのである。

それでは、一体どのような「生活の形態」が「日本的性格」を正しく発露させるのだろうか。それは如是閑の思想からすれば、いちいち具体的にしか語りえないものである。如是閑において、現在を永遠へ、自己充足的な境地へと繋げる「神」は、生活の細部に宿ってのみ存在する。「中今」的現実を保続させてゆくための「神話」は、日常のレベルへと下降してくるのである。

たとえば、「商家」の建築をみよう。そこでは、「木材の直線的の、堅固な組立てが構成美をなしているのだが、それは商人の堅実性の象徴化」であり、「石灯籠、手水鉢、捨石の配置にまで、倫理的意義」が有されている。また、もし「職人の家」であれば、そこでは「台所や茶の間が、彼らの教養の環境」[56]となる。

こうして如是閑は、さまざまなケースについて説明を加えてゆくが、これを強いて一般化しようとするなら、「かた」という概念を持ちだす他はないであろう。「日本芸術の象徴性」(一九四一年)という談話速記で如是閑は、特に「芸術」と「かた」の問題を論じている。そこで「かた」の概念は、「一定の国民の現実の生活にある、心と形の反映」[57]、まさに「事実」を、「日本的性格」のもとで正しく生起せしめるための具体的様式として、重大な位置を与えられているのである。

これで、如是閑の「日本論」の要諦は明らかであろう。長い時間をかけて「伝統」が育んできた「かた」と、その下でこそ機能する「直観」、この如是閑流に理解された「客観」の形式と「主観」のあらわれとが、「事実」において「渾然一体」となり、はじめて「日本的性格」の「理屈」ではなく「事実」ですべてを示す伝統が、正常に機能するのである。これは、まるで「純粋経験」の日本的プラグマティズム版だけれども、ともあれ、そうした条件の下でこそ、「事実」はそのままで「倫理的」かつ「文化的」となり、時代の責務に耐えるものとなる。

「かた」の崩壊

問題となるのは、「日本的性格」が機能するための条件である。如是閑によれば、その条件は、明治このかた、特に大正以後、すっかり荒廃し、衰弱してしまったという。たとえば、映画や舞台を見ても、「現代の日本の現実の生活の世界に於ける、『かた』の失はれた生活様式の、言語、動作を基調とした演技が、今に、そのことに気づかれていないのみか、一層その方向をとる傾き」があり、「気づかれていない」と云われたように、そもそも「今の知識人」は、「『かた』の感覚・情操を直観する能力に乏し」く、「『かた』の神を直観し得ない」ために、「かたなし」か「かた」かの区別すら、もはや分からなくなっているのである[58]。

このような事態はなぜ生じたのだろうか。それは、「明治以後の日本は、その生活が、旧時代の形態に固着していることのできない時代だった」からである。「明治の日本人」は、「西洋近代の理知的性能を急激に持たねばならなかったので、教育も教養も、理知的傾向に偏しないわけにゆかなかった」し、「西洋式の生活形態も盛んに移入されたので」、「生活環境が、伝統的の直観性を涵養するもの」[59]ではなくなってしまった。それでも明治のうちは、「理知的傾向」を「取入れると同時にそれを抑える」力が作用したのだが、「大正頃からその舵を取る力が大分失はれ」[60]、「日本的性格」には、最後のダメージを与えられた。如是閑のこの説明は、先に触れた思想史的図式からいえば、大正期における明治性からの離脱の試み、「科学」へと向かう流れのもたらした結果について、強い批判を加えていると解される。この議論は、第二章で見た、森鷗外や唐木順三の議論と完全にかぶるものでもあるだろう。ちなみに鷗外は一八六二年（文久二年）生まれだから、如是閑よりも一三歳年上になる。北一輝と安岡正篤くらいしか違わないわけだ。

婉曲な「中今」批判

如是閑は言う。「国民意識の強化されねばならぬ現代においては、まずその最も基礎的の力が取り戻されねばならない。それはつまり、「明治以前の、教養の直観的性格が、新しく蘇活せしめられねばならない」[61]ということである。ならば、正しい「日本的性格」の発露としての、「事実」をもって歴史を語らしめる態度は、今これから復活させられなくてはならないのであって、形而上学のレベルでのみ根拠づけられた「中今」とは、それだけでは何の時代的意義も担いえないことになるだろう。それは単なる空白期しか意味せず、ただ現実のなりゆきを事後追認しているだけに過ぎないのである。如是閑の同時代的批判精神は、こうした婉曲な現実暴露の戦法としてあらわれる。「日本的性格」論の立場からすれば、現在の絶対境としての「中今」とは、これから再建設されねばならない、まさに未完の企図としてしか考えられないのであり、その議論は、すでに現在が勝利しているという信仰に対する、この時代にとりうる数少ない挑戦の方法のひとつだったのである。

如是閑の限界

このように如是閑は、現在の絶対性を支えうるものは、唯一具体的な「経験」の場であり、その場が崩壊しているとき、現在の勝利を云々してみても無意味なこと、日本には、まだ真の「日本的性格」のあらわれとしての現在至上的な状況は実現されておらず、それはひとえにこれからの問題となることを示唆した。けれども無論、如是閑は、そのために何か指導的理念を提唱するわけではない。

「日本的性格」の正常化への道は、あくまで現在の日本人の生活の中から、おのずから再興されてゆかねばならない。

以上の如是閑の議論は、歴史が消え、自己充足的な現在が時代を覆いつくしていった状況に対して、「具体的生活形式」の条件づけをテコにほんとうの現在の絶対化はこれからはじまると主張することで、「中今」状況に最低ある種の異化作用を及ぼしたとは言える。それは、如是閑の徹底して実際的な姿勢、一切の形而上学を拒否する姿勢により、はじめて可能になったことである。だが、その効果の程度には、ジョルジュ・ソレルの『暴力論』の一節を引くことによって、かなりの留保をつけておこう。

> 黙示録風の神話によってそだてられた狂信に支配されたイギリスやアメリカの信徒たちが、にもかかわらずしばしばプラティックな人間であった点に、注意が払われねばならない（ソレル『暴力論』）62。

つまり、生活の伝統をよくからだで理解している「プラティック」な人間、如是閑の理想とするだろう人間類型が、それと矛盾なく「超歴史化」された「中今」の意識にも支配され、そこに付随してくる様々な「皇国神話」を受容できたということである。黙示録風の滅亡神話に駆り立てられる人間類型は、一億玉砕の神話にも駆り立てられるはずである。もしそうならば、ここに如是閑流の思考はひとつの限界を呈する。如是閑本人は抵抗しているつもりでも、その思想は十分にファシズムの範疇に入っていたと言うこともできるのである。その意味においては、如是閑も立派な右翼だった。

如是閑のアクロバティックな論理でさえ、結局は硬直したファシズム的状況を揺り動かすほどではなく、かえってファシズムと仲良くなるくらいのものなのだというありさまは、指針たるべき理論の消えたポスト歴史的状況（そういう状況は何も昭和一〇年代に限らぬだろう）がいったん出現してしまえば、それは内側から言葉を使ってどうこうしようとしても、ほとんどもう如何ともしがたいらしいということを、我々に教える。

その世界は、何百万人も死に、原爆まで落とされ、国家が外部の力で無理矢理潰されてしまうまで続いた。決して内側からは変わらなかった。もう思考が止まっていたというほかない。

身体論へ

世の中に不満がある。変革を考える。けれど、うまくゆかないから、保留する。決定的なことは天皇に預けて考えないようにする。もう、ありのままに任せて、考えるのをやめる。考えなくなれば、頭が要らなくなる。

すると、この先はどうなるだろうか。頭がなくなると、残るのは首から下である。からだである。

実際、「中今」状況下の右翼思想は、身体論にはまっていったように思われる。次章では、そういう次元の事柄を瞥見してみたい。

第四章
右翼と身体——すべてを受け入れて頭で考えることがなくなれば、からだだけが残る

1　アンポンタン・ポカン君の思想

脳にいい場所、軽井沢

作家の正宗白鳥《まさむねはくちょう》が、初めて軽井沢へ避暑に出掛けたのは、一九二〇年（大正九年）のことだったようである。そもそも、避暑のためにわざわざどこかに行くというのは、白鳥にとって、それが初体験だったらしい。彼は、蠅や毒虫に煩わされながら、それでも浅間山に登ったり、クロポトキンがらみのエッセイを書いたりして、なかなか楽しく過ごしたようである。そして、それから七年後、再び夏を軽井沢で過ごし、避暑地から読売新聞に「軽井沢にて」というエッセイを寄稿して、こんなことを言っている。

私は日本宿は嫌ひだ。西洋風のホテルは、日本にはまだ発達しないで、有つても設備が不完全である。それで、必ずしも軽井沢を日本第一の風光明媚な避暑地と思つてゐる訳ではないが、距離が近いのと、食物や住居が便利であるのと、数年前偶然此処に来て土地に馴れてゐるので、未知の土地へ行くやうな不安がないので、今度も来ることになつたのである。自分が続けて此処へ来るからと云つて、この高原に心酔してゐる訳ではないし、無論絶好の避暑地として他人に勧めようとは思はない。（中略）軽井沢は三景とか八景とか呼ばれるやうな、日本人の風景趣味にかなつたところではないが、三千尺の高原だから、投票や審査を待つまでもなく、涼味は充分で、疑ふ余地がない。脳にはい、に違ひない（正宗白鳥「軽井沢にて」）[1]。

この一文に、人間のからだにまつわる近代の大きな問題点が端的に集約されていると言えなくもない。まず第一のポイントは「涼味は十分で、脳にはい、に違ひない」とのくだりである。「〜にはいいに違いない」という表現には、「〜以外にはいいとは限らない」という言外のニュアンスが含まれることも多いだろう。この場合は、恐らく、脳にはいいが、脳以外のからだの部位には必ずしもよくないかもしれない、ということだ。

要するに頭《ず》寒足熱《かんそくねつ》である。涼しいから頭を働かせるのにはいい。しかし、首から下には冷えはよくない。その原則にしたがえば、頭とからだの両方にいい土地はない。たぶん、それゆえに正宗白鳥は、軽井沢が自分はじつはそんなに好きではないのだと断りを入れるのだろう。白鳥は暑さには強いし、避暑に行くなんて本来はあまり考えない人なのだ。東京の夏は自分には耐えられるし、その季節の夕下がりが東京の一年のうちで最も好ましいとも、白鳥は随筆に書いている。それなのに、軽井沢に行く。彼も文学者は頭を活用して執筆し

正宗白鳥（1929年10月21日、外遊から帰国時の写真）
（『正宗白鳥全集』第10巻　1967年　新潮社）

続けねばならず、そのためにはからだには悪いかもしれなくても、頭を冷やしたほうがいいと思ったのだろう。

頭を使う商売の人は軽井沢に行きたくなる。それが近代のトレンドである。なぜなら近代は、頭脳労働をひたすら増やすことをその特徴とするのだから。近代世界では脳はいつもオーヴァー・ヒートを強いられる。季節が夏となれば、なおさらだ。冷却や涼味は近代必携のアイテムとなる。それだから、軽井沢という、本来は「三景とか八景とか呼ばれるやうな、日本人の風景趣味にかなつたところではない」つまらない土地が、俄然脚光を浴びたのである。

言うまでもなく、その軽井沢を避暑地に仕立てたのは、まずは在日の西洋人たちだった。頭脳の時代としての近代は西洋の発明品であり、日本にとっては外《と》つ国からの移入品だったからである。ゆえに軽井沢はその価値を西洋人に発見され、ついで、西洋近代かぶれの日本人たちの溜まり場になった。

白鳥はというと、歌舞伎好きの明治人ではあるけれど、ヨーロッパの自然主義文学の影響下にある小説家でもある。ホテルの部屋で必要なときだけボーイを呼び、あとはひとりで閉じこもっていてこそ創作もうまくゆく。個室を要する単独者なのである。歌舞伎の舞台にも出てくるような、障子と襖の誰もが気軽に入ってくる部屋では、実際にはどうも具合が悪い。だから白鳥は、日本の伝統をそれなりに愛しながらも、「日本宿は嫌ひ」であり、それだから、ホテルの保証する個室と涼しさとがセットになった、軽井沢に向かったのである。対して、任侠右翼が軽井沢を好きなんて話があったら、あまりさまにならない。

バナールの「脳人間」

もしも、以上のような構図が描けるとすれば、そこから西洋近代の文化は頭の文化、脳の文化であり、それと比べると、日本伝統の文化、もしくは前近代的文化は首から下のからだの文化だという、単純な結論を引きだせるのかもしれない。そして、そういう対比的イメージが、少なくともある時代までの日本に機能していたのではないかと想像してみてもよいかもしれない。頭の文化とからだの文化の戦い、より頭寒を重んじようとする態度と足熱を重んじようとする態度の戦いが、即、西洋対日本の戦いになるという話である。そこでは、からだの文化を代弁しようとする立場が、より右翼的立場を占めるだろう。

正宗白鳥のような明治人が、冷地をもとめて軽井沢に遊ぶようになった一九二〇年代のうちに、ヨーロッパでは脳を冷やすなどという次元を遥かに超えたイメージが飛びだすまでになっていた。イギリスの物理学者で科学史家、ジョン・デズモンド・バナールは、未来の人間の理想像とは「脳人間」に尽きると言ったのである。

J・D・バナール
（バナール『宇宙・肉体・悪魔』1972年　みすず書房）

近代文明は、人間の欲望、想像力、創造力をよくも悪くも全開にし続けることで成り立つ。その維持と進展を支えるのは、人間が神になりかわれる、全知全能の存在になりうる、とまでは必ずしも言わないものの、人間がいくらでも勉強して、閃《ひらめ》いて、知識や経験を積み重ね、蓄積していけるという、人間能力の無限性への信仰である。増え続ける物や情報をつねに把握し、整理し、次段階につなげることが、あらゆる分野で求められ続ける。

しかし、近代文明は前のめりになる一方であるのに、生物としての人間は近代になっても別にかわりばえしない。急に種として進化し、にわかに脳が発達し、頭がよくなってくれるわけではない。昔のままである。ゆえに、勉強も仕事もたいへんになる。就学期間を延ばしても延ばしても間に合わなくなる。脳は過熱するばかりであり、学校の寮に頭への冷水かけ用の場所を作ったり、夏場の仕事を高原に移すくらいでは追いつかない。こんな調子では身がもたない。近代文明の無窮動的進歩に、生身のからだがついてゆけない。

それならば、からだに引導を渡す工夫をすべきだと、バナールは、その未来学的書物『宇宙・肉体・悪魔』（一九二九年）[2]の中で言った。

バナールは今後の歴史を予測する。人類は知的労働のためにますます時間をさかねばいけなくなるだろう。しかも、機械の発達によって、からだの機能のかなりまでは道具によって代替可能となりうるだろう。

とすれば、からだはただ単に邪魔になるだけではないだろうか。動物は食物獲得のために四肢を用いる。その食物を血液にかえ、体内を巡らせ、からだを維持すべく、内臓器官が用いられる。しかし、その努力のどれだけが脳の知的活動に必要なのだろうか。なんと、人間が物を食べて生みだすエネルギーの九割は、首から下のために消費されているのだ。手足を養うために、手足を駆使し続けなくてはいけない。首から下のからだは、ますます知的にならなくてはいけない人間存在を下に引きずりおろそうとする、ゆすりたかりでしかない。効率の悪い子分を養わなくてはいけないために、親分が必要な時間を稼げなくなるというのだ。

この先、科学文明の発達は、精巧な機械部品を作るため、人間にますます複雑な手先の活動を要求するだろう。知識・学問の発達は、人間の脳にますます多くの負担を強いるであろう。人間は、学問をなすのに、ますます長い時間を必要とするだろう。これらの予想をふまえるとき、どうして首から下を人間が養い続けられるだろうか。脳は、驚くべき非合理と不効率に、どうして耐えなくてはいけないのか。

ここにバナールは、人体の役立たずの部分を、機械に交換するか、除去すべきであると宣言する。手先の活動は、機械仕掛けの手によって代行されるべきである。精密な工業の要求は、じきに工場から人間の不正確な手を追放するだろう。移動するのも機器に頼ったほうが速いのだから、足も要らなくなるだろう。そこで、手足を取ってしまう。脳だけを生かす。

そうすれば、首から下のからだにかかる老化圧力も減り、現在とは比べものにならない、何百年単位の寿命を得ることも可能になるだろうと、バナールは予測する。脳だけになった人間の外界とのコミュニケーション回路は、人工的に作りだすことができる。神経の信号は本質的に電気的なものだと、すでに解明されている。その分野の研究を進めれば、適切な電気のやりとりによって、感覚も他者とのコミュニケーション回路も確保されるだろう。そうして人間は、純粋に精神的な存在として生き続ける。バナールの考えでは、もはや止まることのできない文明の進歩に生身が追いつくことができずに人間存在が焼き切れ、人類が死滅するよりも、精神的存在となって生き続けるほうがはるかに好ましい。

ということで、バナールの思い描く未来の人間の姿は、金属製の硬い缶に入った脳と、それに付随する、言葉の通信回路、赤外線・紫外線・X線までがみえる目、超音波まで検知する耳等々、そして移動装置の結合体である。

無限に文明を進展させ、神になりかわろうとする人間は、存在形態をそこまであらためないと使命をまっとうできないというわけである。

そこには、西洋近代の脳万能主知主義的文明のたどり着く、ひとつのイメージの極北がある。

夢野久作の『ドグラ・マグラ』

脳を第一義にしてからだを切り捨てる思想を胚胎させるのが主知主義的な西洋近代の宿命とすれば、そうした風潮に異議を唱えるのが、東洋的反近代の立場の役回りになるだろう。しかも、個人がえらそうに計画的に未来に向かって合理的にものを考えるということにうんざりし、そういう傾向を排除する傾向を持つのが日本近代の右翼思想の重要な一面であるとすれば、まさに反バナール的なものの考え方が、その圏域を彩ることになるだろう。

そこで第一に見いだされるべきなのは、一八八九年（明治二二年）に生まれた夢野久作《ゆめのきゅうさく》の長編小説『ドグラ・マグラ』（一九二四〜一九三四年）ではないかと思う。夢野は、たとえば第二章に取りあげた阿部次郎や、第三章に登場した西田幾多郎のように、一般的には右翼の範疇で論じられるべき人とは思われていない。夢野の父親の杉山茂丸《すぎやましげまる》が、玄洋社の平岡浩太郎《ひらおかこうたろう》や頭山満と近しかったということはある。それゆえ、夢野は明治のナショナリストを身近によく知ってはいたが、本人が右翼的な政治運動や思想運動に直接かかわったわけではない。しかし、阿部の人格主義が安岡正篤と、西田の日本文化論が戦時のイデオロギーとつながっているともみなせるように、夢野の『ドグラ・マグラ』も、「大東亜戦争」期に頂点を迎えた右翼的な身体思想の一祖型をなしているのではないかと考えてみてもいい。

脳に反逆する身体

夢野久作研究者の西原和海《にしはらかずみ》によれば、『ドグラ・マグラ』の執筆動機は、夢野が禁治産者として家督相続人から外され、脳病院に入れられかねない状況に陥った経験に求められるという[3]。要するに、家産を守りつつ近代世界を泳ぎ渡るに足る脳を所有していないと、一族から認定されかかったというのである。それへの反発や怒りに駆り立てられて構想された小説が、脳なんてそんなに大したものなのかという物語になるのは、至極当然だろう。

夢野久作（1921年）
（『夢野久作著作集』第2巻　1979年　葦書房）

『ドグラ・マグラ』で実際に脳を弾劾するのは、主人公のアンポンタン・ポカン君である。彼は、精神医学者、正木博士の患者として入院中であるが、閉ざされた病棟の中で、脳を治療するという西洋精神医学の基本的発想を根底から覆すような思想を構築している。それが「脳髄は物を考える処に非ずの説」である。

アンポンタン・ポカン君にしたがえば、脳を首から下と切り離し、特権化することとは、人間個人を特権化して、他の人間から、もっと言えば家族や国家の共同体から切り離すこと、情報や学問の集中する都市を特権化して、田舎や自然をおとしめること、あらゆるものを上位と下位に分断すること、理性がすべてだと考えること、世界の有機的つながりを重んじないことに、つながるという。

そして、アンポンタン・ポカン君は「脳髄の罪悪のモノスゴサ」を次の五ヵ条にまとめてみせる。

人間を神様以上のものと自惚れさせた。
人間を大自然界に反抗させた。
人類を禽獣の世界に逐い返した。
人類を物質と本能ばかりの虚無世界に狂い廻らせた。
人類を自滅の斜面に逐い落とした。
(夢野久作『ドグラ・マグラ』)[4]

こんな具合に脳を非難してやまないアンポンタン・ポカン君によれば、人間が思考する場所はじつは脳ではないのだという。脳は無神経無感覚の蛋白質の固まりにすぎないのだ。すると、人間はどこで考えるのだろうか。アンポンタン・ポカン君は、精神というものは脳に偏在するのではなく、全身にくまなく充満しているのだとする。お尻をつねると痛いと感じるのはお尻であって脳ではない。お腹が空くと腹が減るというのは腹であって脳ではない。我々の不断の意識、すべての欲望、わき上がってやまない感情、積み重なる記憶、おのれの信念などというものは、我々の全身の三十兆の細胞の中に絶対の平等さでこもっていると言うのである。

すると、脳は何をしているのか。それは全身三十兆の細胞の意識の内容を洩れなく反射交感中継させる電話局の役目を果たすのみである。それ以上でもそれ以下でもない。クラゲのような生き物は脳を持っていない。電話局を設けなくても、細胞たちが直接に連絡できるほど、生体の世界が狭いからである。クラゲまでの下等生物は幸いなことに、「全細胞直接交信可能世界」に生きているのだ。ところが、動物が高等複雑動物になればなるほど、細胞同士の距離間隔も段々と遠くなる。「あんなところまで俺のからだかしら」と、湯槽の中で足指を動かして確かめたくなってしまうほど、自分で自分が分からなくなってしまう。

それなので、三十兆の細胞が「俺は俺だぞ、俺はこうして生きているんだぞ」と自己同一性を保持し連絡を絶やさないために、細胞間の連絡に専従するだけの器官が必要となる。その器官が脳だというのが、アンポンタン・ポカン君の思想である。連絡器官としての脳のおかげで、全身の三十兆の細胞が一斉に直接にものを見て、聴いて、嗅いで、感じて、味わって、考えることができるようになる。嬉しければ食欲も進む。嬉しいときは全身が嬉しく、胃袋も嬉しいから、よく食べるのである。脳ひとりが嬉しがり、胃に消化しろと命令しているのでは、断じてない。飯を食えば、まだ消化もしていないのに、からだの隅々まで元気になってくるように感じられる。全身の細胞が満腹感を味わって、みんなで喜んでいるからそうなるのである。

身体の思想とファシズムの理想

これが、アンポンタン・ポカン君の身体哲学である。人間はからだ全体で考えてこそ人間なのだ。心身分割不能な一個の全体である。ゆえに、からだは機械で代用可能な道具ではない。どの部位もその部位なりに考えている。どの部位が欠けても人間は人間ではなくなってしまう。足が勝手に動くとは、足が即座に考えてそうしているのだ。手が勝手に動くのも同じである。脳がいちいち命令していては間に合わないだろう。技が身につくとは、その技についての直接当事者としての手なり足なり腰なりのどこかが、脳の中継を必要とせず、即座に反応し判断し行動する状態を言うのである。

以上のように『ドグラ・マグラ』は、作者の分身と呼んでも構わないだろうアンポンタン・ポカン君の口を借りた、脳中心主義批判の書として読むことができる。そこで展開される、全身の各部位がそれぞれに考え、また交感し交響して考えるという命題は、脳中心主義が、部分が自立して唯我独尊を決め込む意味での近代個人主義のアナロジーであるかぎり、反個人主義、共同体主義、みんなが生々しくつながりたいという願望と、つながってくることになるだろう。そんなアンポンタン・ポカン君の希求する世界は、ファシズムと相性がいいと言うことができる。個人を離れ、直接につながり、我を忘れて喜ぶ。そうした状態の永続化こそがファシズムの理想だからである。

2　手のひら療治

「日本社会主義たなすゑのみち」

『ドグラ・マグラ』が刊行されたのは、一九三五年一月だった。二・二六事件の前年で、血盟団事件や五・一五事件の三年後である。安岡正篤の国維会が原理日本社の攻撃を受けたりして解散に追い込まれたのは、一九三四年一二月だから、『ドグラ・マグラ』が世に出る前月だった。

ちょうどそのころ、原理日本社の思想的領袖であり、本書の第一章から第三章までにも登場してきた三井甲之は、あることに夢中になっていた。それは、『ドグラ・マグラ』のアンポンタン・ポカン君の身体論をもっと過激に、ファシズム的に実践するものであったと言ってよいだろう。まさに事実は小説よりも奇なりである。三井は、脳を抜きにして、皆がからだでつながり法悦するための手段を発見したと信じ、それを全世界にひろめようと腐心していたのである。三井は、その手段を「日本社会主義たなすゑのみち（手末の道）」と呼んだ。

健康法探求時代としての大正

ときは、まだ夢野が『ドグラ・マグラ』を執筆中だった一九二八年（昭和三年）まで遡る。その年、三井は、甲府中学校長江《え》口《ぐち》俊博《としひろ》から、「手のひら療治」を伝授された[5]。それは端的に言えば、

江口俊博（左）と三井甲之（右）
（三井甲之『手のひら療治』1930年　アルス）

手かざしで病気を治し、身体の歪みを補正し、健康を増進するという一種の心霊療法だった。もっとも三井は、そのときいきなりゼロから始めて、その種の医療行為の存在を知ったわけではない。一九二〇年（大正九年）、家族全員がインフルエンザに冒されたとき、三井は自らも苦しみながら、家族の「手をとる」行為を繰り返し、それでついに家族全員が本復に至ったという。一九二〇年のインフルエンザとはいわゆるスペインかぜである。三井は、このときの経験が江口の「手のひら療治」との出会いの予感的出来事であったとしている。

その後、三井は、健康問題への関心を深めた。若いころの彼は、武術や体操にそれなりに親しんではいたが、人間のからだに特に興味を抱いたことはなかった。摂生もしていなかった。それどころか、正岡子規の「御馳走論」の影響を受けて、どちらかというと暴飲暴食派だった。それがスペインかぜをきっかけにすっかり変わった。三井は、座禅式呼吸法、「岡田式静坐法」、「二木式腹式呼吸法」、抵抗療法、断食療法、「サンドウ氏体操法」、「川合氏強健術」など、巷間話題になる健康法をかたっぱしから試すようになった。けれども、どれにも十分な満足を得られず、よく習得するにも至らなかったようである。が、身体観については、玉利《たまり》喜《き》造《ぞう》が一九一二年に発表した「内観的邪気新病理説」に接して、大きな影響を受けたという。玉利は、人間の身体には、物理学からみると無実体というべき霊気と、ガス体放射物としての実体を有する邪気とがともに駆け巡っており、霊気には傷んだ身体を治癒させる効能があって、邪気は病気のもとであるとする。よって霊気をよく律すれば、人間は無病息災を得る。

霊気を操るには、深呼吸、飢餓、冷水浴、その他難行苦行、清貧が必要とされる。この玉利の説に学んだ三井は、物欲充足の面に思考を集中し、商品の生産・配分を第一義とする資本主義もマルクス主義も、人間の健康を保証しないと考えるようになったらしい。

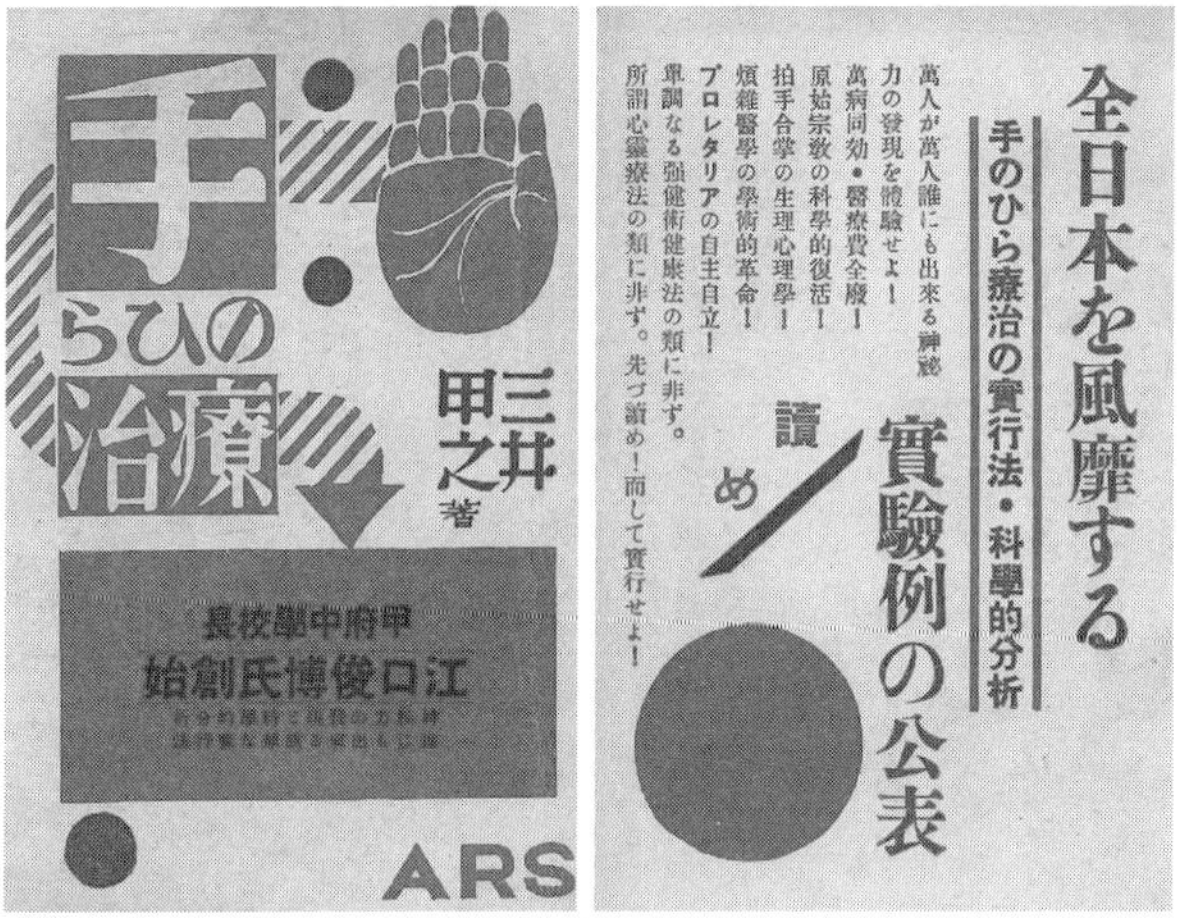

『手のひら療治』の表紙（左）と裏表紙（右）

両手のあいだがビリビリする

やがて一九二八年、三井は先述のように、甲府で江口の「手のひら療治の会」に参加し、その第三期生として講習を受けた。二回目の講習の日、三井は「一尺二尺」の間隔をとった両手のあいだが「ビリビリ」するように感じたという。そして、次第に、両方の手が見えない糸で連結されているように思えてきたという。その後、三井は、風邪、歯痛等、箇

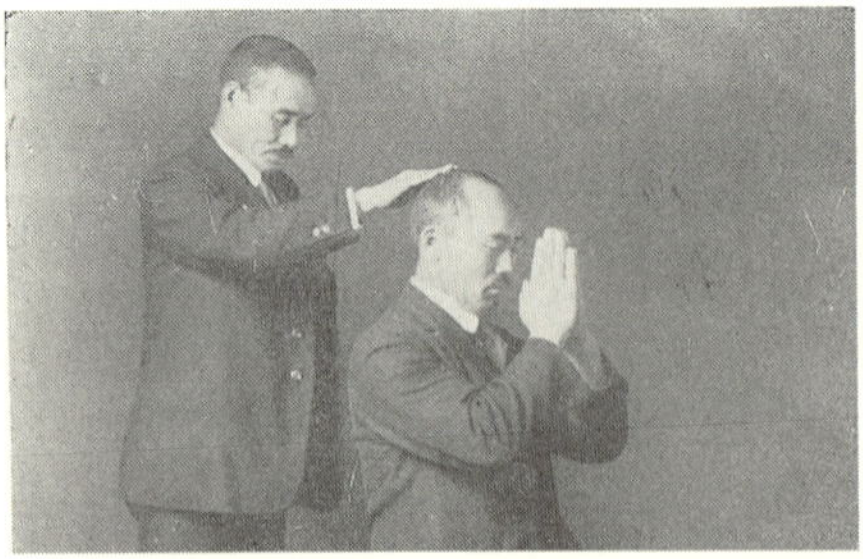

祈り。その姿勢と位置と、呼吸の合ひたる心の律動を外形の上に示さるゝ触感によつてさとられたし。意志、言葉、動作はすべて一つとなつて、無形は有形に連絡し、思想は動作となり、理想は現実となる。

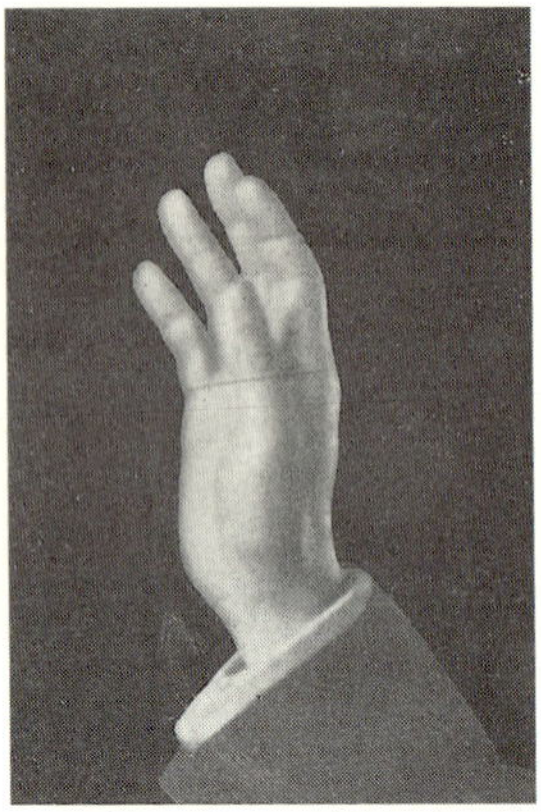

この『手』は『手のひら療治』に深き因縁ある『手』の実写なり。修業者は此の手に対して自分の右の手をかざされたし。五分間位此の手を見つめて自分の手を此の手と相対せしめて、静かに徐々にその距離を伸縮しつつ、手のひらの感じ、ヒビキをやしなはれたし。此の手と自分の手との距離は一尺乃至三尺位。更に終りに自分の手を窓より、天空にかざさば、天津御空の律動感触せらるべし。

綜統治療。江口鎮白先生は右手を患者の腹部に、左手を隣の婦人の手につなぎ、一坐十二人の心と身体とは手によってつながれつゝ、一患者にその綜合生命線をそゝぐ。その効力は十二人の手の力の総和以上のあるものを創成増長せしむることは心理学的法則なり。

みちびき、てつだひ。立てる人の指端は合掌者の肩の上に微かに触る。合掌者の手のひらの間の感じは、更に此の連絡により強化せらる。

『手のひら療治』より（キャプションも同書の通り）

単なことはことごとく「手のひら」で治せるようになったという。将来、重くなる病気も、罹《かか》り始めの段階で、手のひらが身体のしらべを聞いて問題の箇所を見つけてしまい、本格的発症の前に治し、真の無病息災を得るようになったという。もちろん、「手のひら」の作用は、自分だけではなく他人にも及ぶ。「手のひら」のエネルギーは他者にも通って、病気を治したりする。手を取り合うことが、決して象徴的な意味合いにとどまらず、皆の生命エネルギーのじかの交流を保証するのである。

三井は、この経験によって、言語等を介さずに、世界と、他者と、宇宙と、直截に間髪容れずつながり、そこに没入しきる道を発見したようである。三井はアインシュタイン等の現代物理学にも興味を示しており、我々が物質と信じるものは、エネルギーや波動や光線としても理解しうるのではないかという想念を有していた。その想念と「手のひら療治」の経験を組み合わせることで、三井は、次のような考えを抱くようになった。

生命力は一種の電波である

三井は、現代科学の進展が、「天津御空《あまつみそら》」、「エムプテイ・スペース」、つまり空間の役割を、やがて根底から認識しなおさせるであろうと予言する。なぜなら、太陽光線も電波も言葉も、すべて空なしては伝わらないからであり、「手のひら療治」の効果を信じるならば、生命力、あるいは精神力も、空を伝わるからである。南米の「黒人奴隷の子孫」、「バッキール族」の祭礼では、数人が神がかりになり、それに接触すれば、みな歓喜解脱するという。それこそが人間間の交通連絡の原初形態にして純粋型である。人間は、徐々に観念や思考にとらわれていくうちに、素朴に素直に自らの生命力そのものを他人の生命力と通い合わせ、忘我し、主客の区別なく高揚する術を忘れてしまった。それは文明の堕落であり、人類は堕落から立ち直って「バッキール族」の境地を取り戻さなくてはならない。

振り返って日本を見れば、伝統的な民俗宗教慣習として参籠《さんろう》がある。多人数で手をつなぐなどして心身を通い合わせれば、病気の治療や願い事の成就に力があると考えられてきた。三井は、この参籠を押し広げれば、近代の個人主義や、物事を理屈で考え、対象と距離を置いて主客を分離する近代の精神を克服できるとする。参籠して無心になれば、人間は大きな生活、広い社会と直截につながり、「バッキール族」のように大歓喜できるのである。三井によれば、外といつでも交通連絡ができる状態が、人間が本当に自由な状態である。自由になると、人間は周囲と無限同心円的に没入してゆき、超個人的世界の住人となるので、他を恐れるということもなくなる。無畏怖になる。無畏怖の状態になると、抑圧されていた人間の生命力が存分に発揮されるようになるから、手から生命力の光線が出る。その光線によって、「手のひら療治」も可能になるのだという。

日本人は和歌で無畏怖になる

すると、日本人が無畏怖になるためにはどうすればよいのか。そこで三井は、手のひらによる「たなすゑのみち」を天皇と組み合わせることを思いつく。

第一章で触れたように、三井をはじめとする原理日本社は、日本とは、天皇なる生身が日々間断なく現前し続けているという事実によって、ありのままでいつも素晴らしいのであり、日本の現実そのものがそのまま我々の生きる原理なのであると主張した。だから、原理日本社なのである。もしも、その素晴らしい日本をそうとは思えない者があるとすれば、それは心に曇りが生じてありのままの日本を感じられなくなっているせいだというのが、原理日本社の思想であった。その心の曇りは、端的には、観念的理屈で国家や社会を分析しようとするところから生じてくる。それゆえに、観念的理屈を述べてありのままを感受する力を弱めるような害毒を流している人を見つけては排撃して回るのが、原理日本社の使命となったのである。

ならば、原理日本社の説く、ありのままを感じるとはどういうことで、具体的には何をすれば、私はありのままを感じているのだと第三者にも証明できるのだろうか。

まさか、世の中で起きることをぼんやりと眺めているだけでいいなんてことは、さすがの原理日本社も言わないのである。そこからが、正岡子規に影響され、伊藤左千夫に日本の短歌の将来を背負って立つ逸材として後事を任された、歌人三井甲之の本領発揮となる。彼は、ありのままを感じることの証明とは、子規の「短歌写生説」にひたすら倣《なら》って、素直に現実世界そのままを短歌にして詠むことで果たされると説いた。つまり、国民が日々に、写生の精神を片時も忘れず、歌を詠み続けていればいい。それが日本の理想である。

「しきしまのみち」と「たなすゑのみち」

三井によれば、そんな歌の国、日本で、歌人としての正しい姿を先頭に立って示してきたのが歴代の天皇であるという。確かに昔も今も、皇室の文化は和歌と深く結びついている。近代には作歌の膨

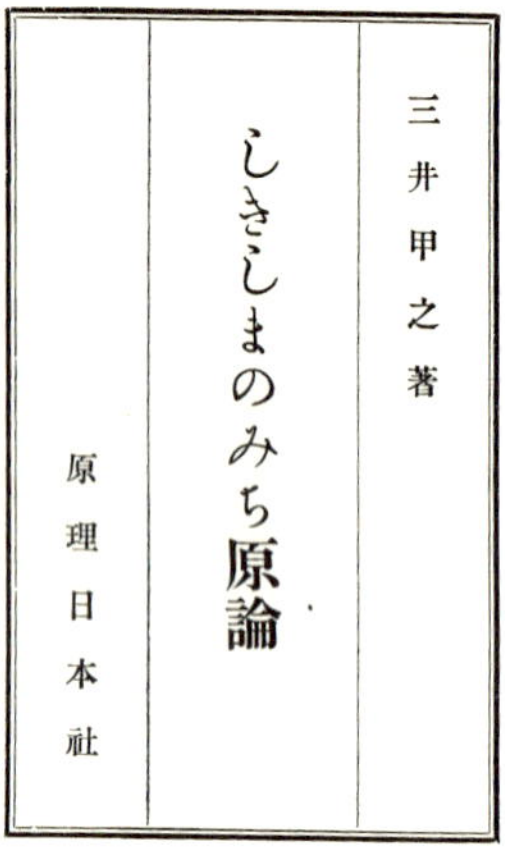

三井甲之『しきしまのみち原論』
（1934年　原理日本社）

大さを誇る明治天皇のような大歌人も現れた。

　そこで三井は、歌人の模範としての天皇を礼拝し、天皇の御製を拝誦《はいしょう》、つまり声に出して詠むことを、国民の日常の勤めとせよと主張した。この勤めを原理日本社は「しきしまのみち」と呼んだ。そうすれば、天皇の大いなる写生歌人としての精神が、国民誰しもにまで日々行き渡り、歌人天皇と歌人国民が一体化して、皆がありのままを心に少しの曇りもなく、よく感じられるようになる、と考えたのである。三井によれば、ありのままが感じられれば日本は素晴らしい国なのだから、当然、不安や恐怖心やさかしらなわたくしの考えなどは、皆どこかにふっとんでしまう。

　あとは、この「しきしまのみち」と「たなすゑのみち」を組み合わせればいい。無畏怖状態になれば、手のひらから光線が出る。天皇の歌を詠めば、光線が出るのである。

　要するに、「たなすゑのみち」とは、皆が無心になって、手をつなぎ合ったり、かざし合ったりすれば、皆は互いに光線を通わせ合って、究極の一体化が実現されると説くものである。

　ここに、玉利の「内観的邪気新病理説」も思いだされてくる。無畏怖の状態になって、よく光線を出すには、御製拝誦も重要だが、身体の調子を整えることも大切である。よい心だけではよい光線は出ない。よいからだが不可欠である。からだをよくするには、玉利の説にしたがうならば、贅沢は要らない。清貧を保ってこそ、邪気は払われる。そうなると、三井の思想には、空気と大地と水と運動と食事をよく調和させた、エコロジスト的ユートピア像も入ってくるだろう。近代文明を捨て、清貧の理想を叶える別の文明が模索されなくてはいけない。

そしてからだだけが残る

ここまで来ると、三井の思想圏は大きく変質してこざるを得ないだろう。「たなすゑのみち」の貫徹を求めようとすれば、どんな世の中のあるがままも素晴らしいものなのだと信じ、共感共苦し歓喜法悦して、そのまんま受け入れてゆくという、原理日本社の思想根幹は崩れてしまう。権藤成卿や橘孝三郎を思わせる、反近代的農本主義のスタティックで平等主義的な理想世界への夢が大きく紛れ込んでくることになるからである。「たなすゑのみち」に「日本社会主義」という冠のつくのは、そのあたりと関係があるだろう。また、手のひらからの生命光線で人々がつながるということになると、その生命光線は、日本人に限らず、全人類が出そうとすれば出るはずだから、原理日本社の思想は、原理世界や原理宇宙の思想に拡張されてしまうだろう。無畏怖状態を作りだす唯一の方法が、天皇の和歌だということならば、天皇や日本語が外せなくなるから、歌詠みの国である日本という麗しい過去への復古的イメージだけで右翼らしくまとまるが、天皇の御製を拝誦しない「バッキール族」でも光線は出ると、三井自ら述べているのだから、その話は、やはり全人類に適用可能と考えるべきである。三井は、右翼を突き詰めることで、右翼を超えでてしまったとも言えるだろう。

三井の「たなすゑのみち」は、『ドグラ・マグラ』の身体論と似た要素を含みながら、夢野よりもっと近代の主知主義から遠ざかっているとみなすこともできる。『ドグラ・マグラ』は確かに脳を排斥したが、考えることは擁護していた。ただ、人間の考える場所は、脳ではなくて全身だと主張したのである。しかし、三井は無畏怖状態になると、人間の生命エネルギーが解放され、光線となって、自他が混じり合い、めでたしめでたしというところまで行ってしまう。無畏怖状態とは、無心になり、母に抱かれる赤子のように安心しきって、たがのゆるみきった状態を言っている。つまり、脳の役割も、考えるということも、とんでしまっている。夢野のように、脳ではなくてからだが考えるのではなく、考えないからだだけが残ってハッピー・エンドという思想なのである。

3　現人神

「我生まれるゆえに我あり」

ここまで話が、現代人の一般的常識からすると、どうやら尋常ならざる域に達してくれば、そういうことは、夢野久作の異端文学や三井甲之のような特異な歌人の妄想から生じたあまりにマイナーな所説に過ぎないのではないかと、片隅にのけてしまいたくなるかもしれない。

が、思想史のなりゆきはどうやらそうでもないだろうという感触を、私は持っている。一九三〇年代から四〇年代前半へと、戦争の時代のうねりが悲劇的なフィナーレに向かって高まってゆくにつれ、三井的なからだの感じかたは、戦時思想の主役とは言わないまでも、脇役筆頭くらいのところまで躍りでてくるのである。なぜなら「中今」の時代に対応しているのは、よく考える脳ではなく、夢野のような考えるからだでもなく、三井のような考えないからだのイメージだからである。
たとえば、田中晃《たなかあきら》という人がいる。一九〇六年（明治三九年）、山口県に生まれて九州帝国大学に学び、戦時期には母校の哲学の助教授で、戦後は山口大学の学長等を務めた。彼は、一九四四年に「日本哲学」という長編の論考を、実業之日本社が戦時日本の哲学・思想・社会科学の精髄をまとめるべく刊行していた『日本国家科学大系』の第二巻に発表し、そこで次のように述べた。

そもそも、人間を一個の自立した脳、存在、精神、人格として想定する、西洋的な考えは根本的に間違っている。人間を、「我思う」とか「ホモ・サピエンス（知性人・理性人）」とかで、定義してはいけない。ならば、人間とは何か。田中は宣言する。「我生まれるゆえに我あり」であり、「我生むゆえに我あり」[6]だと。

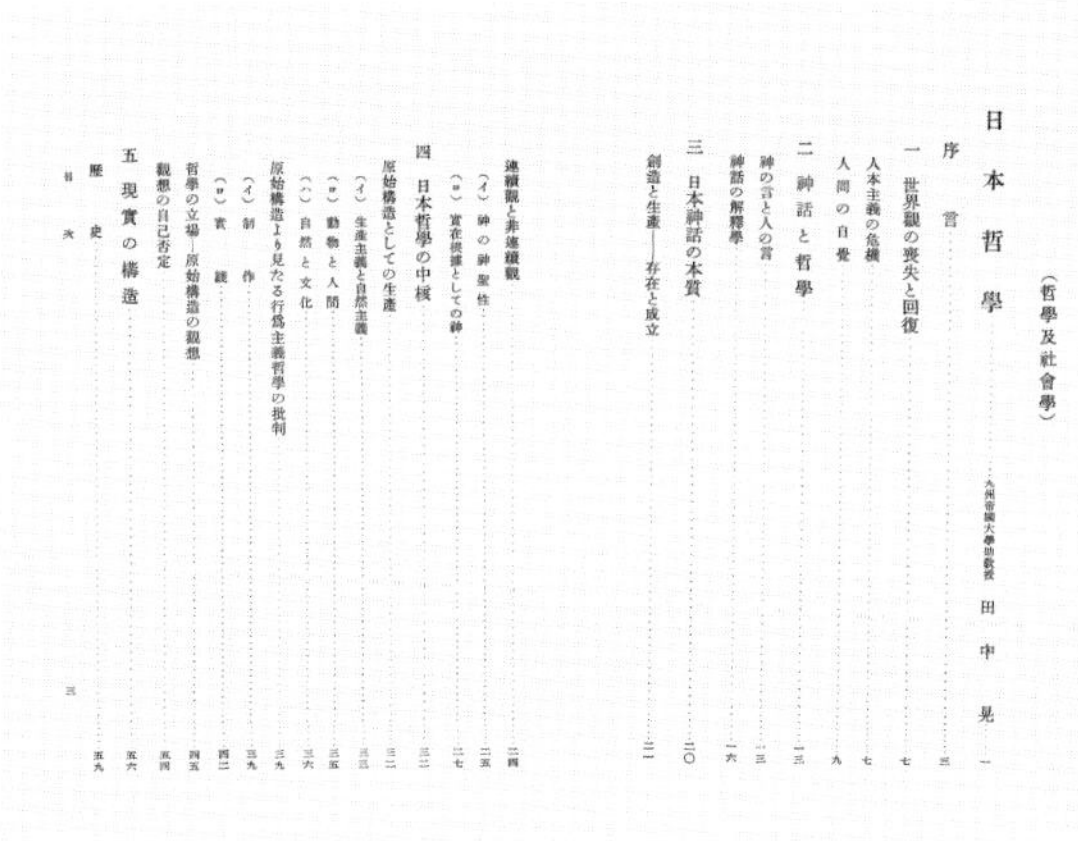
目次　二

日本哲學（哲學及社會學）　九州帝國大學助教授　田中晃　一

目次　三

『日本国家科学大系』第2巻所収の「日本哲学」目次から
（1944年　実業之日本社）

人はからだを見て育つ

生まれる人間や生む人間と言うとき、そこで重要なのは精神とか霊とか脳ではない。からだ全部である。

人間が生まれてくるとき、母の体内から人格が出てくるわけではない。独立した人格としての我を思って生まれてくるのではない。なまものとしてのからだが、「生んでもらってありがとう、親なくして我なし」と出てくるのである。このすべての人間にとっての事実から、人間に関する思想は出発しなくてはいけない。

人間は家族、共同体、社会を構成し、人間同士でつきあう。人一個で単体として成立するのではない。そうではなくて、人と人の間柄があってこそ、単体としての人間も成立する。その間柄は、西洋哲学の言うように対等の人格などということではない。

すべての物事には、「原始構造」なくして「一般構造」はない。人間の「原始構造」は親から生まれてくるということである。人間は第一義的には、精神や人格ではなく、からだである。からだは親が生む。「親からもらったこのからだ、決しておろそかにはいたしませぬ」というところから人間の意識は始まる。からだをおろそかにしないから生きようとするのである。ゆえに、「原始構造」には、上下関係や畏敬被畏敬の関係が最初からセットされており、この「原始構造」に規定される「一般構造」からも、それを捨象することはできない。

田中によれば、概念的・抽象的・精神的な人間というものは、現実にはこの世のどこにもいない。人と人、我と汝の間柄の「一般構造」は、この「親が子のからだを生む」という「原始構造」に規定される。親のからだがあってこそ、自分のからだがあるのだと思い知る。それだから、生んでくれた親に悪いから自分のからだを大事にしようと思い、親のからだを心配するようにもなる。また、自分も尊敬する親を模倣し、自らが親になって、子を生みたいと願う。

人と人の一般的な間柄、つまり「一般構造」は、この親と子の間柄によって与えられた「原始構造」の敷衍、もしくは転写として理解される。自分とは親子の間柄でない人にも親からもらったからだがあり、またこの人も親になるのか、もしかしてもう親なのかもしれないと慮ってみるところから、相手に対する敬意が生まれる。倫理の基礎はそこにある。人は親の背中を見て育つというが、田中の思想では、親の背中に限らず、からだ全部を見て育つのである。

からだを感じて西洋を超える

というわけで、田中にとっての重大事は、人間が日々に独立自尊の人格として我を主張することではなく、ひたすらに親や自分や子や夫や妻や他人のからだを見て、あるいはさわって、感じるということに尽きてくる。それは何かセクシャルな肉体哲学と関係させようと思えば、そう出来なくもない。人間はみな「生まれる―生む」の存在である点においては平等であるが、誰かに生んでもらい誰かを生んでやる点においては絶対に覆せない上下関係に塡め込まれており、その関係についての意識は、親のからだ、自分のからだ、他人のからだ、それらの具体的形姿を日々感覚することで、間断なくよみがえり、更新され続けるはずだと言う。

ところが、西洋文明は、このからだを基礎においた人間観に到達せず、抽象的人格の対等と平等ばかりを言う。そこから、西洋文明は間違った個人主義と自由主義に陥ってゆき、結果、今、まさに日本によってうち負かされなくてはならないという時局認識に至る。

姿を見、からだを感じることで、人間が人間らしく生きられる。唐木順三流に言えば、このからだへの具体的なこだわりは、社会に倫理的秩序を創出するための「新しい型」の提案だとも言えるだろう。ただ、その「型」は、マルクス主義者や右翼革命家のように理想に向かって人間を日々に刻苦精励させる「型」や、阿部次郎や安岡正篤のように日々に人格の修練を求める「型」とは違う。変化や上昇を求めるために努める方法を供する「型」ではないのだ。感激的な敬意を平らかに同水準に永続させてゆくための「型」なのである。その意味で「中今」的な時代に相応しいロジックとも言える。

佐藤通次の『身体論』

それにしても、日々に人のからだをみることで倫理が生まれ、保たれるとは、ずいぶん奇抜な思想ではないだろうか。じつは、それこそが日本の伝統に適っていると説いた人がいた。田中晃同様、戦時の論壇に活躍した佐藤通次《さとうつうじ》である。彼は、一九〇一年(明治三四年)に、大川周明や石原莞爾や高山岩男と同じく山形県に生まれ、京都帝国大学文学部の独文科に学び、九州帝国大学の教官となり、独文学を講じていた。ドイツ語辞書の編者、ゲーテやシラーの翻訳者としても知られ、戦争末期は九大を辞して、文部省教学錬成所に勤め、戦後は亜細亜大学の教授を経て、皇學館大学の学長になった。

その佐藤が、一九三九年に『身体論』を著している。それは、「大東亜戦争」期の日本主義的というか右翼的な思想を考える上で、ひとつの鍵になる書物である。田中晃や、あとにふれる田中忠雄《たなかただお》を始めとするこの時代にからだがらみの思想的発言をした多くの人々が、佐藤のこの本と、その前後の著作に影響されているのである。しかも、その佐藤の哲学の構想には、三井甲之の思想がかなり入っている。佐藤の書物は、右翼とからだを巡る思想をそれなりに集約し、今日、世の中に流布しているある種の本とも、多くの共通点を持っている。『身体論』を読んでいると、あちこちで、最近はやりの東洋的な身体論、健康法、肉体鍛錬術の書物と、ほとんど同じ内容にぶつかる。

物体と肉体と身体

その『身体論』で佐藤はまず、人間存在を物体と肉体と身体という三つの次元が重なり合ったものとして把握する。

佐藤によれば、物体としての人間は最も低位である。物体を包摂してかりそめの満足を得るような人間の姿が、物体としての人間である。具体的には飲み食いするときの人間だ。そこで、我と汝の関係は、食べられる物体としての食物と食べる物体としての人間のあいだに成立し、それはいつも二が一になることで終わると、佐藤はいう。片方が片方を食べたり飲んだりして取り込んでしまうから一になるのである。

次に、肉体としての人間が中位に置かれる。具体的には性生活を営む人間が肉体としての人間である。そこで、我と汝の関係は、互いに性欲を満たそうとする二者のあいだに成立し、二が一になったつもりなのに二に戻ってしまうことで終わる。性生活には、互いが互いに敬愛の念を持つという、なかなか次元の高い面もあるが、性欲充足のための物体と感じている面もあるので、高位と低位が混淆していると言える。だから、この肉体の世界は、中位なのである。

最後の身体は最上位である。それは、具体的には親子関係に見いだされるものだと、佐藤は言う。

先に紹介した田中晃の「生まれる―生む」という話は、じつはその真似と言ってよいだろう。親が子にからだを与え、子が親に体を与えられる関係から、親は子孫によって自らの生命が接ぎ木され延長されたことを思い、自らが死しても子はまた子を生んで永遠につながってゆくのだと子を畏敬するようになる。子は、親のおかげで自分のからだがあることを思うから、親を畏敬する。そこには、食や性のように充足の一時的なピークはなく、しかも途切れることがない。物体や肉体のレベルでの人間は、一時的満足を得ても、すぐゼロに叩き落とされ、やり直さなくてはいけなくなってしまう。が、親子関係からもたらされる「敬」とは、ずっと途切れない永続感情なのだと、佐藤は強調する。

敬称の様は身体賛美の思想表現である

この「敬」という永続感情が、田中晃の「原始―一般」と同じ論理で、直接の親子以外の人間関係にも複製されてゆくことで、「敬」の遍在する世界ができあがる。これが身体の世界だと、佐藤は述べる。

なぜ、ここで身体という言葉を用いるのか。佐藤の説は明快である。身は、人間のからだとその周囲の生活圏を含む漢字だからというのだ。身辺、大身、小身などの言葉には、身が、物体や肉体としての人間を超え、まわりの空間や人間関係まで含んで拡がっている事実が現れている。

すると、身体の次元での我と汝の関係はどうなるのだろうか。物体では片方が片方を包摂して二が一になり、肉体では二が一になったつもりがまた離れて二になる。対して、身体では二がそれぞれ一であって一でない状態が永続すると、佐藤は主張する。親子は同じからだの延長被延長としてみれば一であり、上下関係や敬とか孝の関係が成立していることにおいては一でない、というのである。

無論、この身体の次元での人間関係は、親と子、人と人とが、互いのからだを視認するなり、抱き合うなりして、これが自分が生み、自分を生んだからだなのだと確かめることの繰り返しによって、「敬」を永続させることになる。これも田中晃がなぞった理屈だろう。

だが、佐藤はこの理屈を自分の理屈として終わらせず、日本の伝統につなげてみせる。日本では、人が人を敬うとき「○○様」というではないか。様という敬称は何を意味しているだろうか。様は有様であり、人の姿であると、佐藤は言う。そして、沢庵《たくあん》禅師の言葉を引く。

人を崇むるに様《さま》と云ふ。御所様、殿様、長老様などと云ふ。此の様と云ふこと更に心得ずといふ人あり。様と云ふは様子と云ふ義なり。そのひとの容《かたち》、骨柄《こつがら》、様態《ようたい》など云ふ義なり。（中略）例へば貴人《きじん》は貴人の様《よう》なるが如し。（中略）御所は御所の様《よう》なるに依つて貴きなり（沢庵「玲瓏随筆」）7。

ということは、佐藤の説く身体の世界を成立させるためには、人間の様がよくなくてはいけないことになる。どんな様でも、親子ならば「敬」の感情が永続するわけではないのである。様は美しくあるべきなのだ。ここに佐藤の身体論は、にわかに危険な色合いを帯びてくる。たとえば病人は様が悪いから駄目だと、佐藤はハッキリ言うのである。これはもう、優生学思想の哲学的根拠づけにも利用可能な議論である。

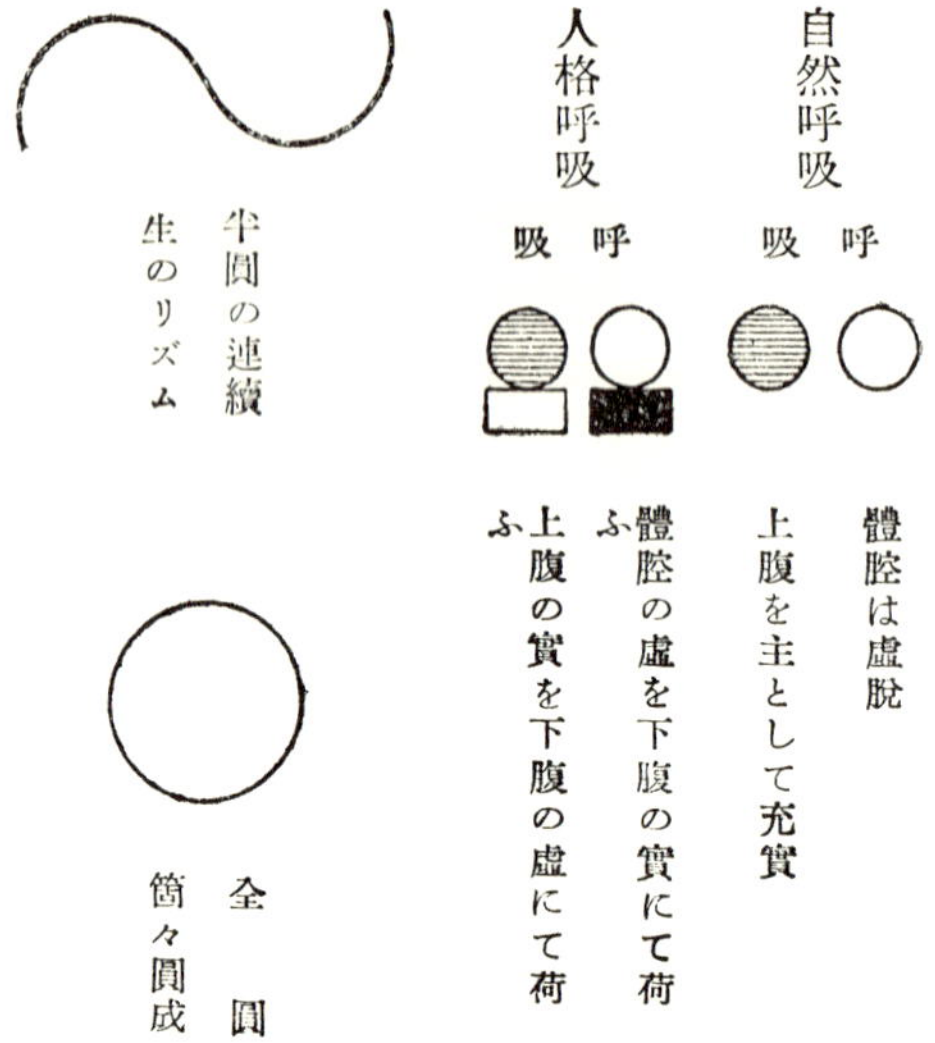

佐藤通次『身体論』より
(1939年　白水社)

哲学書即「健康本」

こうして佐藤の身体論は、この先、様をよくすることを説かなくてはならなくなる。日本人のからだの様が悪くては、「敬」の永続感情が壊れ、美しい日本が崩壊するからである。からだの様の基本は、姿勢と呼吸だと佐藤は言う。かくして『身体論』という書物は、途中で物体と肉体と身体の三位一体説を展開する思想書から、唐突というか当然というか、日本人の正しい姿勢と呼吸法を述べる一種の「健康本」に化けてしまう。『身体論』は全三章から成るが、第一章は「身体」、第二章は「姿勢」、第三章は「呼吸」なのである。

すると、日本人はどんな姿勢で、どんな呼吸をすればいいのか。佐藤によれば、腰を落とし、臀部を出っ張らせ、骨盤をなるたけ後ろに倒せばよいという。足は楽にし、重心を腰に持ってくる。そして、下っ腹に力を入れ、上腹部ではなく、なるたけ下腹部を膨らまらせて、深くゆっくり呼吸する。吐く際も、腹を引っ込めず、張りを保つ。要するに、後ろに倒した骨盤と張った下っ腹のあいだに息を一気に呼び込み、溜め込み、ゆっくり出すのである。

それは、いわゆる腹式呼吸とどう違うのだろうか。腹式呼吸は、背筋も足もよく伸ばし、骨盤を垂直に起こして、するものだ。重心は足下にくる。息を吸うときに腹といっても下腹部よりは上腹部を膨らませ、吐くときはすぐにへこませてしまう。へこますから、息はすぐ出て行く。要するに、垂直な骨盤に向かい、腹が膨らんだり引っ込んだりというポンプのような動きで、呼吸する。つまり、まったく違う。

正しい民族的形姿は正しい呼吸法から生まれる

佐藤の推奨する伝統的呼吸法だと、息の量は腹式呼吸よりも多くなるという。おまけに、張り続ける腹がブレーキになって呼気のコントロールがよく利くから、たくさん吸い込んだ息を、腹式呼吸よりも、はるかにゆっくり安定したペースで出しきることができる。このコントロールをするかしないかで、呼吸に人格が備わるか備わらないかが分かれるのだと佐藤は言う。そういう、ペースの保たれた深い呼吸は、今日の多くの「東洋的呼吸本」[8]にも必ず書かれているように、酸素を多く体内に取り込むから、目をパッチリさせ、意識を覚醒させ、自律神経を安定させ、筋肉の活動のムラを少なくする。

この姿勢と呼吸法こそが、日本人の民族的形姿に合致し、日本人の様をいちばんよくするためのものだと、佐藤は言う。呼吸法の一番の基本は、尻を垂らし、骨盤を後ろに倒すことだが、そもそも日本人の体型は骨盤が他民族と比べて格段に後ろにはじめから倒れている。平地が少なく傾斜地の多い国土なうえに、泥田で働いてきた民族だから、腰高にして足を真っ直ぐにしては、転んでしまう。足もとの悪さに耐えるには、足を曲げ気味にし、腰を落としていなくてはいけない。ゆえに骨盤が倒れ、尻が垂れ、姿勢も呼吸も自ずとそのようになったのである。

それが、「文明開化」以後の身体の西洋化のせいで日陰に追いやられてしまった。背筋を伸ばしてしゃんとするのが美しいと考える、近代西洋体育的な身体観からすれば、日本人伝統の、腰を落として脱力した体型と姿勢は、だらしなく醜くみえる。洋服にも似合わない。

そこで日本人は、無理やり骨盤を起こし、腹式呼吸に向かったのだが、骨盤の倒れた民族的形姿は百年二百年では変わろうはずもない。西洋人のように骨盤が起きていないのだから、腹式呼吸は上手には出来ない。浅い胸式呼吸気味になってしまう。こうして、近代の日本人は、呼吸が少なく、浅く、短く、乱れがちで、精神集中できず、肝もすわらず、上がり性になり、重心も定まらなくなった。そういう身体の乱れを正そうとして、大正期から多くの呼吸法や静坐法の書物が出版され、三井甲之のような右翼がからだを見直して手かざしにはしり、そういう流れの総まとめのように、一九三九年に佐藤の『身体論』が現れたわけである。

腹と丹田

ここで念を押しておくべきことは、頭よりからだだと言うとき、結局、佐藤がどの身体部位に力点をかけたかである。それは、もちろん腹である。三井甲之の場合は「手のひら療治」で手の強調に至ったけれども、西洋的主知主義の象徴物としての脳に対して、日本的身体論をでっちあげ、どこかを強調したいというとき、引き合いに出されがちなのは、「日本人なら肚で行け」という戦前・戦中の決まり文句に現れているように、やはり、手よりはずっと腹であった。佐藤はその一般的風潮をうまくつかまえている。

しかも、佐藤の議論では、腹は単純にからだの特定の部位としての腹なのではない。佐藤が腹のポイントとして挙げるのは丹田《たんでん》である。下腹部に力を入れるとは、下腹部の中の丹田に重心を求めるということである。

はて、丹田とはどこにあるのか。臍下《せいか》丹田《たんでん》というくらいだから、臍より下なのは間違いないが、その先はまるで曖昧である。丹田とは、人体解剖図上に特定できるような、はっきりした場所ではないのだ。各人なりの体型と呼吸の組み合わせのうちに、各人なりにいちばん強くあらわれてくる、下腹部でもっとも力の溜まるポイントが丹田なのである。それは場所であって場所ではない。なんだか分からない。丹田は相対的な場所なのである。脳の場所は誰がどう見ても具体的に定まっている。実体としてある。その意味で、有の場所である。それに対して、丹田の場所は腹のどこなのか決めにくい。その人の体型や、その日の調子によって変わってしまい、具体的に定められない。丹田は動く。漂流する。その意味で、無の場所と呼べる。西田幾多郎らによって、この時代、無ということがありとあらゆるレベルでさかんに言われたが、佐藤の『身体論』は一見、きわめて明確な存在でありながら、同時に融通無碍にも扱える腹を使って、「無の身体論」といったものを説いている。

日本でいちばん様のいいのは誰か

佐藤通次は、日本国民の倫理性や道徳性とは精神や人格や教養よりも互いのからだのよい様を感じ合うところから生まれると説いた。その考えかたが、日本近代の右翼的な思想の圏域内で論じられるとすれば、ここに天皇が絡んでくることになるだろう。すると、天皇と様のいいからだの話はどのように折り合いがつけられるのだろうか。

これもとても明快である。日本でいちばん様のいいのが天皇なのである。佐藤は、天皇を天皇様と申すではないかと言う。そして、国民は天皇様の御真影を礼拝しているではないか。天皇様の模範的かつ尊い様を中心として、日々に国民が様をよくしてゆこうと努力し、悪しき様を矯正するか排除してゆくのが世界の日本なのである。その理想は、御真影を国民生活の場に遍在させようとする大日本帝国の空間編成によって、現実にもう果たされている。その意味で、佐藤の考える様のいい世界は、国民の姿勢と呼吸の修練によって日々に更新されてゆかなければならないが、すでにできあがっているとも言える。この点で、佐藤の身体論も「中今」の世界に棹さしている。

「御身をそなへましますあら人神」

佐藤通次に影響されて、やはり「大東亜戦争」期にさかんに身体を論じた人に、戦後は禅思想の研究者として知られることになる田中忠雄が居る。彼は一九〇五年（明治三八年）、朝日平吾と同じく佐賀県に生まれ、京都帝国大学で西田幾多郎に学んだ。その田中は、神と様、天皇と様の問題について、一九四三年の著書『文化感覚論』で、次のように整理している。

田中は、まずユダヤ教やキリスト教の唯一神、さらに西洋観念論哲学で言うところの絶対者を積極的に退ける。その理由は無論、それらに身体がないからである。

「体」を離れた神や精神は、決して世界を使得することは出来ない。それ等は、わづかに世界を解釈するに過ぎない。何故なら、「体」の世界と絶縁した神や精神にはも早や「体」の世界、すなはち身体、肉体、物体に対して現実的容喙の権利を有しないからである。現実的な作用を失へば、それは単に見るものとなるから、世界を解釈する立場に堕ちるほかない。全知全能の唯一神は、かやうな霊性に陥り易い。何故なら、かかる神は「体」の姿が歴然としてゐないからである。彫刻や絵画に表現される神や聖霊は、身体に象られるが、それは象徴に過ぎないのである。

田中忠雄『文化感覚論』
（1943年　朝倉書店）

哲学上の重要な概念となつてゐる絶対者といふものは、唯一神をさらに知的に抽象化したものであるが、かやうな抽象化の素地をもつのは、唯一神には全然身体性が欠けてゐるからであると思はれる。身体をそなへた神は、神々を生む神であつた。ここでは、神は神々として生きた姿を現はし、みづから溌剌と動くのである（田中忠雄『文化感覚論』）[9]。

すると、ギリシャの神々ならよいのだろうか。田中は、それでもまだ駄目だという。

けれども、この神々も亦その身体性を十分明かに発揮し得てはゐない。何故なら、神々は抽象的精神の象徴化と見做さるべき多くの性格を有してゐたからである。アゴーラの娘テミスは善意ある神であつた。彼女の三人の娘は、善意を三つの方面から支へる役割を振り当てられたと見得る。長女のエウノミアは母の善意をさらに具現し、次女のデイケーは正義、三女のエイレーネーは平和の神である。かやうに見てしまへば、ギリシヤの神々の名は、倫理的な抽象名詞に化するわけである。ここでは、かやうに見得るといふことの中に、身体性の喪失の可能性があることを指摘すれば足る（田中忠雄『文化感覚論』）[10]。

「××の神」などと呼ばれ、その××に抽象名詞が入るような神は堕落しはじめているというわけだ。それに対して、日本の神々はどうであるか。

日本の神々は、ギリシヤの神々に於けるやうな象徴化の全く出来ない最も生々とした神々である。神々の個性は、その行ひたまふ働きの中に、おのづから発揮される。神々の御名は、決して倫理的概念のやうな抽象的一般概念となることの出来ないものである。わが伝説の神々は、

「体」をそなへたまふ点に於いて、比類なく潑剌たる神々である。神を祀る国民的態度も、神ゐますの心情である。古事記に、「その三柱の神は、みな独神《ひとり》成りまして身を隠したまひき」とあるやうに、神は身をそなへたまふ、而も、神々の統は脈々として伝へられ、そのまま「あらひと神」の御代に入るのである。あら人神は、歴然として身体の御姿をそなへたまふ神である。そして、大いなる道義、はこの統の中に継がれる。統と道とはひとりわがくにに於いてのみ一たることが出来る。その最も深い根柢は、わがくにが御身をそなへましますあら人神、あきつみ神をいただくところにある（田中忠雄『文化感覚論』）11。

誰にも予想のつく通りの結論だろう。身体があり、抽象名詞を使って「××の神」と機能・性格を特定されず、本当に生きている神を仰ぐ日本が最上だという論理である。

以上の田中忠雄の所説に、神と様の問題の行き着く先が言いつくされているとしてよいだろう。西洋近代の一般的宗教史では、神が具象から抽象に向かう過程に進歩を見てきた。日本の戦時思想では、宗教史にかぎらず、多くの分野で、このベクトルが逆転する。

たとえば、丸山眞男は戦後すぐ、「日本ファシズム」の体制下では、誰が何をどこまでその人の責任において為すのかが明確になっていなかったから、その意味で政治的主体が成立しておらず、無責任であり近代未満であると時代を斬り捨てたが、戦時下では、責任が一人格に収斂しないのが「無の政治哲学」であり、そういう無が成立する世界が超近代で、そんな日本こそ近代を超越した素晴らしい国なのだと、西田幾多郎の弟子の高山岩男も高坂正顕《こうさかまさあき》も言っていた。

それと同じく田中忠雄も、生きた神が現にいる日本の今の様が、原始宗教的でも何でもなく、近代を超克した最善の理想的国家形態だと述べているのである。

「生はひとときのくらゐにて、すでにさきありのちあり」

しかし、天皇から国民まで、そんなに様を気にし、健康に心を配って、いったいそのからだで何をしようというのか。これは「中今」の段階に至った世界の話であるから、戦後一時期の左翼のスローガンであった「若者よ、からだを鍛えておけ」のように、立派なからだを作りながら、内に大志をはぐくんで、あとで世の中を変えようとか、そういう意図を決して含んではいない。様のよい世界が永続化するだけでいいのである。

とはいっても、いくら様をよくし、健康に気を遣ったところで、個体の生命は有限である。そこに死の問題が出てこざるをえない。再び佐藤通次の『身体論』に戻って、その頁をめくってゆくと、様のいい生き生きとしたからだの素晴らしさを説き、健康法の解説をするばかりではなく、死についても多くを述べていると気づく。死の問題について、佐藤が依拠するのは、道元《どうげん》禅師の次の言葉である。

ただ生死《せいし》すなはち涅槃《ねはん》とこころえて、生死としていとふべきもなく、涅槃としてねがふべきもなし。このとき、はじめて生死をはなるる分あり。生《せい》より死にうつるとこころうるは、これあやまりなり、生はひとときのくらゐにて、すでにさきありのちあり。かるがゆゑに仏法のなかには、生すなはち不生といふ。滅もひとときのくらゐにて、またさきありのちあり。これによりて滅すなはち不滅といふ。生といふときには生よりほかにものなく、滅といふときは滅よりほかにものなし。かるがゆゑに生《せい》きたらばただこれ生、滅きたらばこれ滅にむかひて、つかふべしといふことなかれ、ねがふことなかれ（道元『正法眼蔵』）12。

仏教においては、現世での生死など大したことではない。ただ、悟りを開いて涅槃に達するか達しないかが問題であり、悟りを開けなくては、一旦死んでも輪廻転生してまた生まれてくるのである。その意味で、生とか滅には前後があるのであり、生きているように見えるのも死んだように見えるのも、輪廻転生しながら涅槃を求めて彷徨する魂のいっときのかりそめの姿にすぎない。

そこから佐藤は、生きてからだのあるうちは、様をよくするのが当然だが、かといって様のいいからだは絶対ではなく、いずれ必ず滅するのであり、とするならば、様をよくして死ぬときを美しくするのがよく生きることだという、結論を導く。佐藤は言う。

（「なきがら」になるといふこと）を「死」といふのであるが、死も実は主体的なる我の機きであつて、死とは我が「寂を示す」（示寂）又はミヅカラ「寂に入る」（入寂）ことにほかならぬ。人は、死して自己が失はれるごとき思をするのであるが、死するも自己以外の何ものとなるのではない。死はディルタイが考へるごとき単なる「生涯の終焉」（中略）ではなく、マックス・シェーレルが言ふごとき「生の欠如」（中略）でもなくて、生命の一つの機きであり、本質的には人

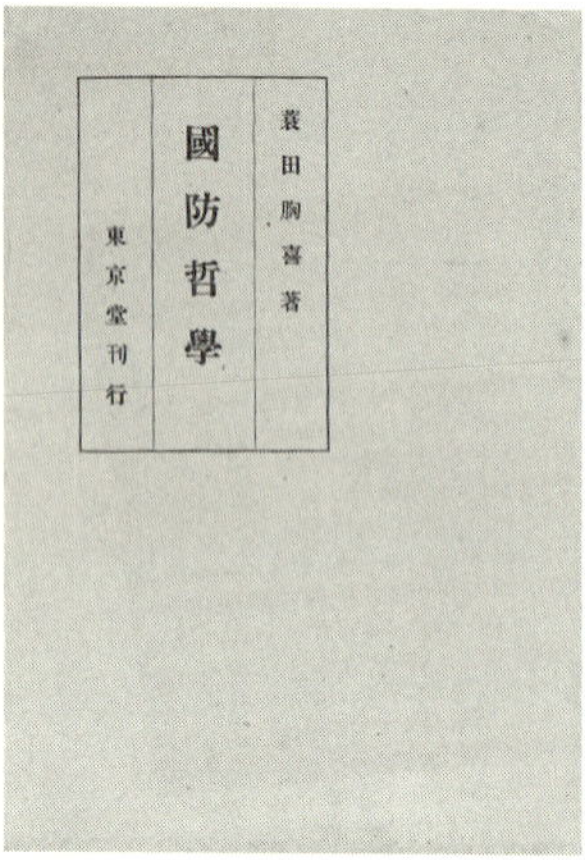

蓑田胸喜『国防哲学』（1941年　東京堂）

> 間の主体性の発揮である。生に全機が現れるごとく、死にも全機が現れる。この真理を体認する人間の見識は、昔も今も、高僧の大往生や、勇士の潔き最後に現れるのである（佐藤通次『身体論』）[13]。

ここで言う「寂」とは涅槃寂滅の寂であり、要するに悟って物質現象界を超越し、仏の世界に行くことである。死というと、「お迎えが来る」という慣用表現に端的に示されているように、どうしても主体的な生と対立する客体的で受動的な事柄に感じられてしまうが、寂というと、悟って安らかになることで、悟るのは我の意志的で能動的な作用に他ならないから、人間の主体的行為となる。悟りを得てよい死にかたができれば、死は寂であり、生の対立物ではなく、生と同じく人間の積極的な働きとなるというわけだ。

「健康本」即「死の哲学」

すると、死にどきはいつがよいのか。様をよくしてなお生きるのではなく、様をよくして死に向かわなければならないときとは、いつがいちばんふさわしいのか。日本は、天皇から国民ひとりひとりまでが様のいい国としてすでに日々現前しているはずである。それが現実であり、なおかつ理想世界である。個々人の様のよさは、この国の様のよき人々同士に通う「敬」の永続感情によって成り立つ。

であるならば、個人が死ぬとき、「勇士」が「潔き最後」を迎えるときにいちばんなのは、永続する様のよい国を守るときだろう。

佐藤の思想に影響を与えた原理日本社の人々の著作の中に、蓑田胸喜の『国防哲学』があるが、佐藤の死の哲学も、生を賭し死を怖れずに、よりよい国を作るとか、何かを変えて世界を飛躍させるとか、そういう「変革哲学」ではなくて、今ある世界を守ることを第一義とし、そのために死ぬことを潔しとする、一種の「国防哲学」となる。変えるのではなく保つのであり、攻めるのではなく守るのである。ありのままの日本を防護する。そのために美しい自らの様を不惜身命の境地で捧げる。立派な身体を作る健康法は、死の哲学と表裏一体になる。

そこから、神風特別攻撃隊も一億玉砕も、まことによい死に様であるという結論に達するであろう。

日本近代右翼思想はそうした言説を咲き賑わせつつ、一九四五年八月に突き進み、そこでひとつの世界が終わった。

おわりに

美しい国の右翼

今の日本は気に入らないから変えてしまいたいと思い、正しく変える力は天皇に代表される日本の伝統にあると思い、その天皇は今まさにこの国に現前しているのだからじつはすでに立派な美しい国ではないかと思い、それなら変えようなどと余計なことは考えないほうがいいのではないかと思い、考えないなら脳は要らないから見てくれだけ美しくしようと思い、それで様を美しくしても死ぬときは死ぬのだと思い、それならば美しい様の国を守るために潔く死のうと思う。

そういう何重にもねじれた思いが積み上がって、互いの思いを牽制し合い、にっちもさっちも行かなくなってしまったのが、日露戦争後から「大東亜戦争」期に至る右翼的な思想の、全部が全部ではないけれど、かなり重要な流れなのではないだろうか。私は、そのように考えている。

右翼の栄光と悲惨

もちろん、そのねじくれて折り重なった思いの数々を個別に取りだせば、今日の人間にも深く響き、よりよい洞察を与える事柄も多いだろう。たとえば、大川周明の「東西対抗史観」や石原莞爾の「世界最終戦論」は、ハンチントンの「文明の衝突」などよりもはるかに構想力豊かであり、権藤成卿の自治主義や橘孝三郎の農村論は、肥大しすぎ、ついに地球温暖化まで招いた現代文明への警鐘として、現在も有効だろう。三井甲之の、ありのままの世界を感受し、そこに溶融する方法として、短歌写生では物足らず、「たなすゑのみち」にまで行き着いた道筋も、思想の一貫性と徹底性という点で、まさに凄絶であり、「手のひら療治」は今日もさまざまに行われている新興宗教や民間宗教の心霊治療と引き比べても興味をそそられる。佐藤通次の身体論は、現代の東洋的心身論の見直しと関連させて、今日、広く取りあげられてしかるべき面がある。

だが、それらの、個々には相反発したり、とても同次元にならないようなものどもが、時代を導く巨大な竜巻を成してしまって、一九四五年の八月まで日本を運んでしまった事実はあらためて確認されておかなくてはならないだろう。

ではなぜ、これだけ違う諸々がひとつの竜巻になってしまったのだろうか。どれもこれも天皇の二文字でつながっているからである。現人神の天皇、大日本帝国の主権者としての絶対唯一の強力なる存在としての天皇、君臨すれども何も決断してくれなくて、とてもはかなく弱々しげな天皇、農の司祭としての天皇、人格者である天皇、歌人である天皇、御真影に写るような姿かたちのいい天皇……。都合のよい天皇像がつぎつぎに引きだされ、思想のそれぞれは天皇という共通項を持つがゆえに、仮に各々が互いに水と油のつもりであっても、ひとつの渦となって時代に作用してしまった。天皇を小道具に魔術を為そうとした者たちが、逆に天皇の魔術にからめとられて、今が気に入らないのか、今のままで大いに結構なのかさえ、よく分からなくなっていった。

そういう眩暈《めまい》の中に、世界新秩序の大構想から日常個々人の健康術までが込みになって漂っている。その大小全部を同じ土俵に載せることによって、あの時代の全体性を初めて認識できるようになるのではないだろうか。

戦後の右翼

それに対して、戦後の右翼は、天皇絶対の思想が象徴天皇制をうたう新憲法のせいで相当に弱められることで、かえってもっと自由に、必ずしもすべてを天皇に縛られずに、日本の過去の様々なイメージを持ちだして現在を撃つ方法を手に入れることができたはずであった。ところが実際の右翼は、左翼が天皇を脅かし、新憲法によって弱らされた天皇をますます痛めつけ、ついには天皇を排除しようとしているので、とりあえずこれを守らねばならないという「国防哲学」に専心しすぎ、今ある天皇をとりあえずそのまま保つという戦時中の現在至上主義の一種の反復にかなりの精を費やし続け、現状を打破するための思想性を回復、もしくは創出できないまま、ずるずる来てしまったようにも見える。

本書は、そういう日本の右翼の、あるいは右翼的な日本という国の、全体像を解き明かしてゆくためのの、ささやかな第一歩のつもりである。

注

はじめに

1 丸山眞男「戦前における日本の右翼運動」(一九五八年)、『増補版・現代政治の思想と行動』未来社 一九六四年、一九一頁。

第一章

1 橋川文三編『現代日本思想体系三一――超国家主義』筑摩書房 一九六四年、七頁。
2 丸山眞男「超国家主義の論理と心理」(一九四六年)、『増補版・現代政治の思想と行動』未来社 一九六四年、一二～一三頁。
3 同右、一七頁。
4 同右、二三頁。
5 同右、一三頁。
6 橋川文三「昭和超国家主義の諸相」(一九六四年)、『近代日本政治思想の諸相』未来社 一九六八年、一九四頁。
7 筒井清忠「日本ファシズム論の再考察」『昭和期日本の構造』有斐閣 一九八四年、三三頁。
8 綱澤満昭「農本的超国家主義にみる『日本』と『自然』」『農本主義と天皇制』イザラ書房 一九七四年、一八〇頁。
9 橋川文三「昭和超国家主義の諸相」(前掲書)、一九四頁。
10 同右、二一三頁。
11 同右、二一三頁。
12 朝日平吾「死ノ叫声」(一九二一年)、今井清一・高橋正衛編『現代史資料(4)――国家主義運動(一)』みすず書房 一九六三年、四八〇頁。
13 同右、四八〇頁。
14 橋川、二一五頁。
15 松本健一編『北一輝霊告日記』第三文明社 一九八七年、一四頁。
16 同右、一六頁。
17 同右、二〇頁。
18 同右、二九頁。
19 井上日召『一人一殺』日本週報社 一九五三年、一九一～一九二頁。
20 同右、一九二頁。
21 橋川文三「昭和超国家主義の諸相」(前掲書)、二一二～

二一三頁。
22 丸山眞男「戦前における日本の右翼運動」（前掲書）、一九一頁。
23 井上日召（前掲書）、一九五頁。
24 同右、一九五頁。
25 同右、一九六頁。
26 「井上昭公判記録」『血盟団事件公判速記録・上巻』同刊行会　一九六七年、三四一頁。※井上昭は井上日召の本名。
27 藤田省三「大正デモクラシー精神の一側面」『維新の精神』みすず書房　一九六七年、七一頁。
28 松本健一『思想としての右翼』第三文明社　一九七六年、五四〜五五頁。
29 丸山眞男「戦前における日本の右翼運動」（前掲書）、一九二頁。
30 三井甲之『しきしまのみち原論』原理日本社　一九三四年、三七頁。
31 同右、三四頁。
32 丸山眞男「歴史意識の『古層』」『日本の思想6　歴史思想集』筑摩書房　一九七二年、三五〜三六頁を参照。
33 久野収、鶴見俊輔『現代日本の思想』岩波新書　一九五六年、一三八〜一三九頁。
34 村上一郎『北一輝論』角川文庫　一九七六年、五九頁。
35 影山正治「恋闕のこころ」『現代維新の思想』（永淵一郎編）経済往来社　一九七〇年、四九頁。
36 ただし、二・二六事件に失敗して刑死した磯部浅一が死に際に叫んだ「天皇は皇祖皇宗に謝れ」という言葉は、皇祖皇宗を恋い慕い、それを盾にとりつつ、「反乱軍」の弾圧を命令した昭和天皇を叱るという「画期的」な思考を示し、恋闕者の限界を突破したようにも思われる。
37 カール・マンハイム『イデオロギーとユートピア』『世界の名著68』（高橋徹、徳永恂共訳）中央公論社　一九七九年、三一二頁。
38 「天皇親政」と「公議輿論」についてはとりあえず坂田吉雄『天皇親政』（思文閣出版　一九八四年）を参照。また赤坂憲雄『王と天皇』（筑摩書房　一九八八年）における武闘天皇と幼童天皇の両極分解のイメージも、ここでの観点からは興味深い。
39 真山青果「将軍江戸を去る」『真山青果全集　第七巻』講談社　一九七五年、一四八〜一四九頁。
40 松本三之介「天皇制法思想」『天皇制国家と政治思想』未来社　一九六九年、一七三頁。
41 同右、一七三頁。
42 真山青果（前掲書）、一四九頁。
43 松本三之介「天皇制法思想」（前掲書）、一七三頁。
44 鹿子木員信『永遠之戦』九州帝国大学皇道会　一九三七

年、一二四～一二五頁。

45 北一輝「日本改造法案大綱」（一九一九年）、『北一輝著作集　第二巻』みすず書房　一九五九年、二九二頁。

46 石原莞爾「世界最終戦論」『石原莞爾全集　第一巻』同全集刊行会　一九七六年、五七頁。

47 同右、五三頁。

48 鹿子木員信『すめらあじあ』（同文書院　一九三七年）参照。

49 権藤成卿「自治民範」（一九二六年）、『権藤成卿著作集　第一巻』黒色戦線社　一九七三年、二五八頁、及び二六二～二六三頁。

50 同右、二六八頁。

51 渡辺京二「権藤成卿における社稷と国家」『日本コミューン主義の系譜』葦書房　一九八〇年、九一頁。

52 ヴァルター・ベンヤミン「暴力批判論」（野村修編訳『ヴァルター・ベンヤミン著作集　第一巻』晶文社　一九六九年、二〇頁。

53 同右、二〇頁。

第二章

1 山崎正一『近代日本思想通史』（青木書店　一九五七年）、太田雅夫『大正デモクラシー研究』（新泉社　一九七五年）、そして特に山本勝之助『日本を亡ぼしたもの』（彰考書院　一九四九年）などを参照。

2 竹内好「北一輝」『近代の超克』筑摩書房　一九八三年、一五三頁。

3 渡辺京二『北一輝』朝日選書　一九八五年、一〇～一一頁。

4 松本健一『大川周明』作品社　一九八六年、二八頁。

5 筒井清忠「書評　松沢哲成著『橘孝三郎――日本ファシズム原始回帰論派』」『史学雑誌』第八二巻第四号、九〇～九一頁。

6 『大川周明日記』岩崎学術出版社　一九八六年、一八二～一八三頁。

7 小沼正『一殺多生』読売新聞社　一九七四年、一六四～一六五頁。括弧内は引用者が補った。

8 林繁之『安岡正篤先生随行録』（竹井出版　一九八七年）の二〇～二一頁を参照。

9 安岡正篤『大和』日本通運　一九六一年。

10 安岡正篤「全国師友協会とその教学」『師と友』第一〇二号、一二頁。

11 「全国師友協会創立十周年記念座談会」での安岡の発言、『師と友』第一二二号、二五頁。

12 滝沢誠『権藤成卿』紀伊國屋新書　一九七一年、一三七～一三八頁に掲載。

13 内務省警保局編『出版物を通じて見たる日本革新論の現況』同局出版、一七二～一七三頁。

14 「全国師友協会創立十周年記念座談会」での安岡の発言、『師と友』第一二二号、一二五頁。

15 後藤文夫「土の哲学」『朝日新聞』一九三四年一月六日。

16 内政史研究会『松本学氏談話速記録』を参照。

17 「全国師友協会創立八周年記念全国大会」での安岡の発言、『師と友』第九八号、四二頁。

18 安岡の密告活動の常習ぶりは、たとえば小田部雄次「資料紹介 安岡正篤書翰――国立国会図書館憲政資料室蔵」(『史苑』第四〇巻第二号)に、その一端をうかがうことができる。また、中野雅夫「満州事変と十月事件」『昭和の原点 二』(講談社 一九七三年)には、十月事件の計画を木戸幸一に密告した人物として安岡が登場する。

19 小田部雄次「天皇制イデオロギーと親英米流の系譜」『史苑』第四三巻第一号、二七頁。

20 三井については片山杜秀「写生・随順・拝誦」、蓑田については竹内洋「帝大粛正運動の誕生・猛攻・蹉跌」、及び植村和秀「天皇機関説批判の『論理』」、それから原理日本社の「第三の男」といってもよい松田福松については福間良明「英語学の日本主義」を参照。いずれも、竹内洋、佐藤卓己編『日本主義的教養の時代』(柏書房 二〇〇六年)に所収。

21 川村湊「津田左右吉――否定の史学」『文芸』一九八七年秋季号、二七〇頁。

22 安岡正篤「京か鎌倉か――新封建主義即真自治主義の提唱」『国維』一九三三年九月号、巻頭言。

23 蓑田胸喜『学術維新原理日本』原理日本社 一九三三年、七一九頁。

24 松田福松「安岡正篤氏の思想について一言す」『原理日本』一九三四年九月号、二八頁。

25 蓑田胸喜(前掲書)、七二三頁。

26 安岡正篤『日本の国体』青年教育普及会 一九三二年、八四頁。

27 三井甲之「国維会指導精神の国体反逆性を指摘す――安岡正篤氏の思想素養分析」『原理日本』一九三四年九月号、一二～一三頁。なお、文中の安岡の引用は『日本の国体』の六七～六八頁。

28 同右、一二頁

29 蓑田胸喜(前掲書)、七三四頁。

30 同右、七三五頁。

31 安岡正篤『王陽明研究』(一九二二年)明徳出版社 一九六〇年、二三八頁。

32 蓑田胸喜(前掲書)、七三六頁。

33 荒川幾男「国防国家の思想と大東亜共栄圏の問題」『近代日本社会思想史二』有斐閣　一九七一年、一九八頁。
34 安岡正篤「東洋文化に対する自覚」（一九二〇年）『東洋の心』黎明書房　一九八七年、一五～一六頁。
35 荒川幾男（前掲論文）、一九七頁。
36 森鷗外「礼儀小言」『鷗外全集　第二六巻』岩波書店一九七三年、五五九頁、及び五六六～五六七頁。
37 唐木順三『現代史への試み』筑摩書房　一九六三年、一八頁。
38 中村雄二郎「近代原理を相対化するもの――唐木順三とパトスの知――」『世界』第四一九号、三一頁。
39 唐木順三（前掲書）、一八～一九頁。
40 同右、二一頁。
41 同右、八三頁。
42 『大日本詔勅通解』（龍吟社　一九四二年）を、橋川文三『昭和維新試論』（朝日新聞社　一九八四年）一〇三頁より重引。
43 生田長江『明治文学概説』を、宮川透『日本精神史への序論』（紀伊國屋書店、一九六六年）五四頁より重引。
44 田中耕太郎「『教養』と『文化』の時代」（一九二九年）、『教養と文化の基礎』岩波書店　一九三七年、四五〇頁。
45 同右、四五一頁。
46 三木清「読書遍歴」『三木清全集　第一巻』岩波書店一九六六年、三八七頁。
47 田中耕太郎（前掲書）、四五一頁。
48 同右、四五八頁。
49 三木清（前掲書）、三八七頁。
50 大宅壮一「遊蕩人格四兄弟」（一九三五年）、『大宅壮一全集　第三巻』蒼洋社　一九八〇年。
51 阿部次郎「三太郎の日記」『阿部次郎全集　第一巻』角川書店　一九六〇年、二三一～二三二頁。
52 同右、三九四頁。
53 上山春平「阿部次郎の思想史的位置」『思想』第四二九号を参照。
54 阿部次郎（前掲書）、四七～四八頁。
55 同右、三一八頁。
56 同右、四六九～四七〇頁。
57 同右、三九五頁。
58 同右、三九五頁。
59 同右、三五〇頁。
60 阿部次郎「人格主義」『阿部次郎全集　第六巻』角川書店　一九六一年、一六頁。
61 同右、一二頁。
62 同右、四八～四九頁。
63 同右、五二頁。

64 同右、五三頁。
65 同右、四八頁。
66 同右、一〇五頁。
67 船山信一『大正哲学史研究』法律文化社 一九六五年、六一頁。
68 阿部次郎（前掲書）、一三四〜一三五頁。
69 同右、四八頁。
70 松本三之介『近代日本の知的状況』中央公論社 一九七四年、一六一頁。
71 竹内仁「阿部次郎氏の人格主義を難ず」『新潮』一九二一年二月号。
72 亀井勝一郎「現代人の研究」『亀井勝一郎全集 第一五巻』講談社 一九七一年、二六七頁。
73 阿部次郎「日本と親しくなった話」『阿部次郎全集 第一〇巻』角川書店 一九六〇年、一四頁。
74 大山郁夫「政治学原理の改造」（一九二五年）、『大山郁夫全集 第二巻』中央公論社 一九四七年、三一四頁。
75 安岡正篤「東洋文化に対する自覚」（前掲書）、一二頁。
76 安岡正篤『天子論及官吏論』社会教育研究所 一九二三年、九頁。
77 安岡正篤「東洋文化に対する自覚」（前掲書）、一三頁。
78 同右、一〇頁。
79 安岡正篤『王陽明研究』、二二一頁。
80 安岡正篤「東洋文化に対する自覚」（前掲書）、一九頁。
81 安岡正篤『天子論及官吏論』、一〇頁。
82 安岡正篤「日本民族精神と国体」『島根教育』第四一三号、九頁。
83 安岡正篤『天子論及官吏論』、五〇頁。
84 同右、一三〜一四頁。
85 同右、一三〜一四頁。
86 同右、一二頁。
87 同右、一七頁。
88 同右、二七頁。
89 同右、一九頁。
90 同右、二六頁。
91 安岡正篤『日本の国体』、七八頁。

第三章

1 カール・マンハイム『イデオロギーとユートピア』（高橋徹、徳永恂訳）中央公論社 一九七九年、二四七頁。
2 同右、二四八頁。
3 同右、二五三頁。
4 同右、二六〇頁。
5 同右、二五八頁。
6 本居宣長「続紀歴朝詔詞解」『本居宣長全集 第七巻』筑

摩書房　一九七一年、一九八頁。
7　高須芳次郎『大日本詔勅謹解・雑事篇』日本精神協会　一九三四年、一八頁。
8　三井甲之『しきしまのみち原論』原理日本社　一九三四年、三四頁。
9　高階順治『日本精神哲学論攷』第一書房　一九四三年、一二六～一三〇頁。
10　伊福部隆彦の経歴については、伊福部昭氏談話、渋谷定輔『農民哀史』（勁草書房　一九七〇年）等による。
11　生田長江「大正文芸史概観」（一九二五年）、『生田長江全集　第一巻』大東出版社　一九三六年、伊福部隆彦『書と現代』木耳社　一九六五年、等参照。
12　渋谷定輔（前掲書）、二八三頁。
13　同右、二五九頁。
14　伊福部は本名隆輝であり、筆名として、時期により、伊福吉部隆、伊福部隆彦を使い分けている。『現代芸術の破産』は隆輝名義。しかし本書では煩雑を避け、もっとも一般的な隆彦で統一しておく。
15　伊福部隆彦『現代芸術の破産』地平社書房　一九二四年、一〇頁。
16　同右、一六頁。
17　同右、二一頁。
18　同右、五一～五二頁。
19　同右、五五頁。
20　伊福部隆彦『現代都市文化批判』日東書院　一九三三年、二一二頁。
21　同右、一五六頁。
22　同右、一五七頁。
23　伊福部隆彦『生活の開拓』今日の問題社　一九四〇年、二頁。
24　同右、二五七頁。
25　伊福部隆彦『老子精髄』同文館出版部　一九四一年、三頁。
26　小川環樹訳注『老子』中央公論社　一九七三年、五頁。
27　伊福部隆彦『老子眼蔵』同文館出版部　一九四二年、八頁。
28　伊福部隆彦『老子精髄』、七頁。
29　津久井龍雄「私の疑い」『人生道場』一九五七年九月号、二七頁。
30　伊福部隆彦『老子精髄』、二九頁。
31　同右、二二頁。
32　西田幾多郎「『国文学史講話』の序」（一九〇八年）、『西田幾多郎全集　第一巻』岩波書店　一九四七年、四一五～四一七頁。
33　同右、四一九頁。
34　西田幾多郎『善の研究』（一九一一年）、『西田幾多郎全

集　第一巻』、一七七頁。
35 同右、一七頁。
36 同右、一三頁。
37 西田幾多郎「学問的方法」『教学叢書　第二輯』教学局　一九三七年、三四一〜三四二頁。
38 同右、三四六頁。
39 西田幾多郎『日本文化の問題』岩波書店　一九四〇年、七四頁。
40 カール・マンハイム（前掲書）、二五九頁。
41 山田孝雄『大日本国体概論』宝文館　一九一〇年、六一頁。
42 山田孝雄「肇国の精神」『日本文化』第五二冊、日本文化協会　一九四〇年、五四〜五五頁。
43 同右、五五頁。
44 同右、五五頁。
45 田辺元『歴史的現実』岩波書店　一九四〇年、九一〜九二頁。
46 田辺元『種の論理の弁証法』秋田屋　一九四七年、二頁。
47 高山岩男『文化類型学』弘文堂　一九三四年、一頁。
48 高山岩男『文化類型学研究』弘文堂書房　一九四一年、二九六〜二九七頁。
49 同右、三一九頁。
50 同右、二九九頁。
51 同右、三〇〇頁。
52 長谷川如是閑「続日本的性格」（一九四二年）、『長谷川如是閑集』筑摩書房　一九七六年、一四一頁。
53 座談会「新文化の創造」『日本評論』一九四二年七月号、一二七〜一二八頁。
54 長谷川如是閑（前掲書）、一七九頁。
55 同右、一八三頁。
56 同右、一八四頁。
57 長谷川如是閑「日本芸術の象徴性」『日本映画』一九四一年一月号、一二頁。
58 同右、一四頁。
59 長谷川如是閑「続日本的性格」（前掲書）、一八一頁。
60 座談会「新文化の創造」（前掲書）、一一九頁。
61 長谷川如是閑「続日本的性格」（前掲書）、一八三頁。
62 G. Sorel. Réflexions sur la violence 1908, Librairie Marcel Rivière et Cie, 1950, p177

第四章

1 正宗白鳥「軽井沢にて」『正宗白鳥全集　第一〇巻』新潮社　一九六七年、二三〇〜二三二頁。
2 鎮目恭夫による翻訳が一九七二年にみすず書房から刊行

されている。

3 たとえば夢野久作「ドグラ・マグラ」『夢野久作全集9』ちくま文庫　一九九二年の西原和海による解題を参照。

4 夢野久作「ドグラ・マグラ」(前掲書)、一八一頁。

5 以下の記述は、主には三井甲之『手のひら療治』(アルス　一九三〇年)と、三井甲之・江口俊博共編『手のひら療治入門』(アルス　一九三〇年)とによる。

6 田中晃「日本哲学」『日本国家科学大系　第二巻』実業之日本社　一九四四年、三二頁以下参照。

7 沢庵「玲瓏随筆」。佐藤通次『身体論』白水社　一九三九年、六五頁より重引。

8 たとえば中村明一『「密息」で身体が変わる』(新潮選書二〇〇六年)。

9 田中忠雄『文化感覚論』朝倉書店　一九四三年、一九二～一九三頁。

10 同右、一九三～一九四頁。

11 同右、一九四頁。

12 道元『正法眼蔵』。佐藤通次『身体論』、三〇～三一頁より重引。

13 佐藤通次(前掲書)、二九頁。

あとがき

私は幼いころ、右が好きだった。右か左か、どちらかを選べと言われたら、右を選んだ。曲がり角ではいつも右に行きたくなった。左に行かなくては目的地に着かないときは、何だか無性に悲しくなったものである。幼稚園のとき、近所のT字路でよくそういう思いをしたことを覚えている。本来左利きだったのを右利きに矯正され、右をよいものだと必死に思おうとした結果だったのかもしれない。あるいは単に目的地に行きたくなかっただけなのかもしれない。それから、私は東京育ちだけれども、出生地の東北地方に執着があり、日本地図を広げると、その東北が右側にあったことも、今思えば関係あったのかもしれない。

そのせいかどうか、政治思想やら何やらに興味を抱くようになってからも、いつも気がかりなのは右翼のことだった。

右が好きだった私としては、もちろん右翼の魅力を語りたい気持ちも強い。丸山眞男は、日本のファシズムを特徴づける思想として、家族主義と農本主義とアジア主義を挙げたが、この三つは、現代の日本や世界を考えるために、今こそポジティヴに取りあげるべきだとも言える。家族をはじめとする小共同体の再興は、この殺伐とした社会をどうにかしたいと願うとき、真っ先に浮上する課題だ。農業を立てて工業等を退ける反近代的極論は、地球環境問題で追いつめられつつある世界の行く末を思うとき、じつに示唆的である。アジアの一員としての自覚は、今の日本にはますます必要になってきたのではあるまいか。

しかし、歴史を振り返れば、日本の近代の右翼思想が、今もそれなりに魅力を保つアイデアを多々ふりまきながらも、同時代的には一九四五年の滅亡へと、国と民を駆り立てていったこともまた事実である。それに対して、右翼の中にも、北一輝や大川周明や権藤成卿の思想のような、それが現実を律するところまで至れば日本を救ったものもあったかもしれないのに、体制に容れられないどころか、かえって潰されてしまい、空振りに終わって残念であったと言ってみることもできなくはない。

だが、左翼を含め、現実を大胆に変革しようと志した過激な思想が、アクチュアルかつタイムリーにうまく働き、歴史の長い評価にも耐えたということは、そうそうなかったのだ。日本の近代の右翼思想も例外ではないだろう。よい部分はあったけれど、権力に潰されたから惜しかったというような話は、とりあえず後回しにしたかった。それよりも、ものの考えかたに全体の構造としてうまくゆかないところがあり、その中で堂々巡りをしているうちに、奇妙な想念にどんどん流れてしまうというふうに描いてみるのが先決だろうと思った。

それから、右翼の思想と来ると、どうしても狭義の右翼人というか、北一輝や大川周明などの名前を並べて事足りる感じになりがちだけれど、私は、右翼的な時代とみなせる昭和の戦争のころに機能した思想は、みな関連づけて論じられなければおかしいし、そうでなければ時代の全体性や大きな流れを把握することもできないと思ってきた。それが行きすぎたのか、あるいは脇道にばかり入ってしまったのか、本書は、北や大川といった、いかにも右翼の当事者と世間からずっと思われてきた人々よりも、右翼的な時代の搦手や外堀、はたまた外野に位置づけられそうな西田幾多郎や阿部次郎や長谷川如是閑等の「関連思想家」、あるいは伊福部隆彦のような「マイナー思想家」に多くの頁を割く具合になっている。そういう選択に意味があると思ってのことではあるけれど、保田與重郎や橘孝三郎や石原莞爾がちっとも活躍しないのは、やはり全体をとらえるための仕掛けが足りていないからだろう。日本とアジアという肝要の問題も、本書ではほぼ外している。他日を期したい。

本書のうち、第一章から第三章の下敷きとなった原稿は、じつは古いものである。

第一章は、一九八五年秋に慶應義塾大学法学部の学生論文集に掲載された論文が大もと。それを一九八九年に一度書き直し、慶應義塾福沢研究センターの紀要に発表している。

第二章は、一九八八年一月に提出した明治大学大学院政経研究科修士論文が素材である。橋川文三が逝ったのは一九八三年だったけれども、私は彼が教えていた駿河台の大学で橋川の残り香を嗅ぎ、ついでに神保町界隈を毎日うろうろする暮らしをすることを願った。それで慶應を卒業すると、一九八六年に明治に入れて貰い、橋川の最後の時期のお弟子さんで、まだ大学院に残っておられた方々と、机を並べることもできた。そこで私は、研究対象の本命は大川周明だが、それを知るためにはインドと中国とイスラムを知らねばならず、佐藤信淵も読まねばならず、若輩にはとても歯が立たないので、まずは安岡正篤と原理日本社の二本立てでやると言い、実際、安岡に原理日本社もからめた修論を書いた。その構成が、この章に生き残っている。振り返れば、一九八八年というと、安岡が名づけの親とも言われる平成にまだならない、昭和最後のころだった。安岡が逝ってからも、四、五年しか経っていない。そんな昔のことを扱っている感覚ではなかった。

第三章は、一九九一年に慶大の院生論文集に出した「日本ファシズム期の時間意識」が原型である。明治から慶應に舞い戻り、院生暮らしを続けていたときのものだ。ポスト・モダンと「中今」と「平成」的時代状況といったモティーフで頭が一杯になり、今や北一輝よりも安岡正篤や原理日本社にアクチュアリティがあると強く感じていたころである。

以上の章については、たとえば第二章の注に筒井清忠の教養主義に関する著作や安岡正篤についての諸々の伝記的書物への言及がないとおかしいのではないのかとか、とにかく引かれそうな文献が現れないことに疑念をもたれる向きもあるかもしれない。それは元の原稿の書かれた時期のせいでもあるということで、もしも諒解願えれば幸いである。

第四章は、二〇〇五年と二〇〇六年に、京都大学人文科学研究所の身体論講座で喋ったことからまとめた。

最後に、この本を出すきっかけを与えて頂いた佐藤卓己さん（京都大学）、私の研究者的自覚を大いに深めさせて下さった竹内洋さん（関西大学）、多くの知的刺激をつねづね賜っている、その竹内さんと佐藤さんをはじめとする「大学批判の歴史社会学」共同研究会のみなさん、それから人文研の講座にお招き下さった菊地暁さん（京都大学）、その菊地さんとの縁を作ってくださった岡田暁生さん（京都大学）、学部生以来の恩師、蔭山宏先生（慶應義塾大学）、原稿を気長にお待ち頂いた編集者の山崎比呂志さんに、深く御礼申し上げたい。

二〇〇七年七月一〇日

片山杜秀

わ

は

ま

や

ら

さ

索引

あ

か

近代《きんだい》日本《にほん》の右翼《うよく》思想《しそう》

二〇〇七年九月一〇日第一刷発行　二〇二三年一月一三日第一〇刷発行

著者　片山杜秀《かたやまもりひで》

発行者　鈴木章一
発行所　株式会社講談社
東京都文京区音羽二丁目一二―二一　郵便番号一一二―八〇〇一
電話（編集）〇三―三九四五―四九六三　（販売）〇三―五三九五―四四一五
（業務）〇三―五三九五―三六一五
装幀者　山岸義明　本文データ制作　講談社デジタル製作
印刷所　株式会社新藤慶昌堂　製本所　大口製本印刷株式会社
定価はカバーに表示してあります。
落丁本・乱丁本は購入書店名を明記のうえ、小社業務あてにお送りください。送料小社負担にてお取り替えいたします。なお、この本についてのお問い合わせは、「選書メチエ」あてにお願いいたします。

ISBN978-4-06-258396-1　Printed in Japan
N.D.C.210.6　246p　19cm

講談社選書メチエ　刊行の辞

書物からまったく離れて生きるのはむずかしいことです。百年ばかり昔、アンドレ・ジッドは自分にむかって「すべての書物を捨てるべし」と命じながら、パリからアフリカへ旅立ちました。旅の荷は軽くなかったようです。ひそかに書物をたずさえていたからでした。ジッドのように意地を張らず、書物とともに世界を旅して、いらなくなったら捨てていけばいいのではないでしょうか。

現代は、星の数ほどにも本の書き手が見あたります。読み手と書き手がこれほど近づきあっている時代はありません。きのうの読者が、一夜あければ著者となって、あらたな読者にめぐりあう。その読者のなかから、またあらたな著者が生まれるのです。この循環の過程で読書の質も変わっていきます。人は書き手になることで熟練の読み手になるものです。

選書メチエはこのような時代にふさわしい書物の刊行をめざしています。

フランス語でメチエは、経験によって身につく技術のことをいいます。道具を駆使しておこなう仕事のことでもあります。また、生活と直接に結びついた専門的な技能を指すこともあります。

いま地球の環境はますます複雑な変化を見せ、予測困難な状況が刻々あらわれています。

そのなかで、読者それぞれの「メチエ」を活かす一助として、本選書が役立つことを願っています。

一九九四年二月　　野間佐和子

KODANSHA